走进大自然的宋代大儒

朱熹的自然研究

乐爱国●著

海天出版社（中国·深圳）

图书在版编目（CIP）数据

走进大自然的宋代大儒：朱熹的自然研究 / 乐爱国著. — 深圳：
海天出版社，2014.2
　（自然国学丛书）
　ISBN 978-7-5507-0953-9

　Ⅰ. ①走… Ⅱ. ①乐… Ⅲ. ①朱熹（1130～1200）—
人物研究 Ⅳ. ①B244.75
　中国版本图书馆CIP数据核字（2014）第017448号

走进大自然的宋代大儒——朱熹的自然研究
Zoujin daziran de Songdaidaru Zhuxi de ziranyanjiu

出 品 人　陈新亮
出版策划　尹昌龙
丛书主编　孙关龙　宋正海　刘长林
责任编辑　秦　海
责任技编　蔡梅琴
封面设计　风生水起

出版发行　海天出版社
地　　址　深圳市彩田南路海天大厦（518033）
网　　址　www.htph.com.cn
订购电话　0755－83460293（批发）　83460397（邮购）
设计制作　深圳市同舟设计制作有限公司　Tel：0755－83618288
印　　刷　深圳市新联美术印刷有限公司
版　　次　2014年3月第1版
印　　次　2014年3月第1次
开　　本　787mm×1092mm　1/16
印　　张　14.5
字　　数　188千
定　　价　32元

总 序

　　21世纪初，国内外出现了新一轮传统文化热。人们以从未有过的热情对待中国传统文化，出现了前所未有的国学热。世界各国也以从未有过的热情学习和研究中国传统文化，联合国设立孔子奖，各国雨后春笋般地设立孔子学院或大学中文系。显然，人们开始用新的眼光重新审视中国传统文化，认识到中国传统文化是中华民族之根，是中华民族振兴、腾飞的基础。面对近几百年以来没有过的文化热，这就要求我们加强对传统文化的研究，并从新的高度挖掘和认识中国传统文化。我们这套《自然国学》丛书就是在这样的背景下应运而生的。

　　自然国学是我们在国家社会科学基金项目"中国传统文化在当代科技前沿探索中如何发挥重要作用的理论研究"中提出的新研究方向。在我们组织的、坚持20余年约1000次的"天地生人学术讲座"中，有大量涉及这一课题的报告和讨论。自然国学是指国学中的科学技术及其自然观、科学观、技术观，是国学的重要组成部分。长久以来由于缺乏系统研究，以至社会上不知道国学中有自然国学这一回事；不少学者甚至提出"中国古代没有科学"的论断，认为中国人自古以来缺乏创新精神。然而，事实完全不是这样的：中国古代不但有科学，而且曾经长时期地居于世界前列，至少有甲骨文记载的商周以来至17世纪上半叶的中国古代科学技术一直居于世界前列；在公元3～15世纪，中国科学技术则是独步世界，占据世界领先地位达千余年；中国古人富有创新精神，据统计，在公元前6世纪至公元1500年的2000多年中，中国的技术、工艺发明成果约占全世界的54%；现存的古代科学技术知识文献数量，也超过世界任何一个国家。因此，自然国学研究应是21世纪中国传统文化一个重要的新的研究方向。对它的深入研究，不仅能从新的角度、新的高度认识和弘扬中国传统文化，使中国传统文化获得新的生命力，而且能从新的角度、新的高度认识和弘扬中国传统科学技术，有助于当前的科技创新，有助于走富有中国特色的科学技术现代化之路。

本套丛书是中国第一套自然国学研究丛书。其任务是：开辟自然国学研究方向；以全新角度挖掘和弘扬中国传统文化，使中国传统文化获得新的生命力；以全新角度介绍和挖掘中国古代科学技术知识，为当代科技创新和科学技术现代化提供一系列新的思维、新的"基因"。它是"一套普及型的学术研究专著"，要求"把物化在中国传统科技中的中国传统文化挖掘出来，把散落在中国传统文化中的中国传统科技整理出来"。这套丛书的特点：一是"新"，即"观念新、角度新、内容新"，要求每本书有所创新，能成一家之言；二是学术性与普及性相结合，既强调每本书"是各位专家长期学术研究的成果"，学术上要富有个性，又强调语言上要简明、生动，使普通读者爱读；三是"科技味"与"文化味"相结合，强调"紧紧围绕中国传统科技与中国传统文化交互相融"这个纲要进行写作，要求科技器物类选题着重从中国传统文化的角度进行解读，观念理论类选题注重从中国传统科技的角度进行释解。

由于是第一套自然国学丛书，加上我们学识不够，本套丛书肯定会存在这样或那样的不足，乃至出现这样或那样的差错。我们衷心地希望能听到批评、指教之声，形成争鸣、研讨之风。

《自然国学》丛书主编

2011年10月

目录

走进大自然的宋代大儒

前　言

　　在中国历史上，宋代的朱熹是自孔子以来，在儒学与科学上均有造诣，并且能够站在天地自然与人类社会统一的高度引领中国文化走向的最有成就的学者。

　　关于朱熹在中国儒学史上的地位，现代著名学者钱穆在其所撰《朱子学提纲》中说："在中国历史上，前古有孔子，近古有朱子，此两人，皆在中国学术思想史及中国文化史上发出莫大声光，留下莫大影响。旷观全史，恐无第三人堪与伦比。"在钱穆看来，孔子集前古学术思想之大成，开创儒学；朱熹集孔子以下学术思想之大成，使儒学重获新生机，发挥新精神，得以流传至今。

　　至于朱熹在科学上的创获，这是一个必须通过对中国古代科技史的研究才能得以回答的问题。事实上，在各种以中国古代科技史为专题的通史类著作中，都有关于朱熹自然研究的专题论述，对朱熹在自然研究上所取得的成就予以了充分肯定。尤其是，朱熹的自然研究还得到诸多科学史家们的高度评价。英国著名科学史家李约瑟撰多卷本《中国科学技术史》，称朱熹是"一位深入观察各种自然现象的人"。日本科学史家山田庆儿在所著《朱子的自然学》中，对朱熹在宇宙论、天文学和气象学等方面的成就予以了全面的论述和评价，并且称朱熹是"一位被遗忘的自然学家"。中国科学史家胡道静称朱熹是"我国历史上一位有相当成就的自然科学家"。这些对于朱熹自然研究的肯定，在很大程度上表明朱熹的自然研究已经达到当时科学发展的水平，并有所创新和贡献。

然而，长期以来由于对儒家多有误解，有些人以为儒家重伦理而轻科技，以至于无论对儒家持肯定或是否定的态度，大都忽略了儒家对于自然的研究，甚至以为儒家对于中国古代科技发展只是起了负面的影响。就朱熹而言，他所创立的理学体系受到极大的关注，而他对于自然的研究则往往被忽略。殊不知他的理学与自然研究密切相关，甚至他的理学及自然研究还对后世的科技发展起了非常重要的积极作用。

　　对于朱熹的自然研究，已有一些学者做过论述，但多是对他的关于自然的思想（或称科学思想、自然哲学）做出分门别类的分析。近年来的论著主要有张立文的《朱熹哲学与自然科学》（论文，1988年）、徐刚的《朱熹自然哲学论稿》（专著，2002年）和韩国金永植的《朱熹的自然哲学》（专著，2003年）。这种分析，虽然对于全面考察朱熹的自然研究是非常有益的，但是，由于没有把朱熹的自然研究当作一项认识自然的活动来考察，因而没有能够进一步探讨朱熹自然研究的历程、朱熹自然研究的缘由及其与他的工夫论包括格物致知说的关系、朱熹自然研究的途径与方法以及朱熹自然研究过程中对于自然知识的传播等等。

　　笔者对于朱熹自然研究的关注始于1993年发表的《朱熹对我国古代科学发展的贡献》，稍后又发表《朱熹格物致知论的科学精神及其历史作用》等。20多年来，除了发表一系列相关学术论文，在先后出版的学术专著《儒家文化与中国古代科技》（2002年）、《中国传统文化与科技》（2006年）、《宋代的儒学与科学》（2007年）、《朱子格物致知论研究》（2010年）中都包含了对于朱熹自然研究的专题阐述。尤其是，在主持教育部哲学社会科学重大课题攻关项目"百年朱子学研究精华集成"的过程中，对民国时期关于朱熹理学与科学关系的讨论作了系统的梳理，因而能够全面地对朱熹的自然研究做出更加深入的探讨。

朱熹有诗云：

半亩方塘一鉴开，
天光云影共徘徊。
问渠那得清如许？
为有源头活水来。①

晦庵先生朱文公文集卷第三十九

書問答

答許順之

此間窮陋夏秋間伯崇來相聚得數十日講論稍有所契自其去此間幾絕講矣幸秋來老人粗健心間無事得一意體驗比之舊日漸覺明快方有下工夫處日前真是一目引眾盲耳其說在石丈書中更不縷縷試取觀之爲如何却一語也更有一絕云半畝方塘一鑑開天光雲影共排徊問渠那得清如許爲有源頭活水來試舉似石丈如何湖南之行勸止者多然其說不一獨吾友之言爲當然亦有未盡處後來劉帥遣到人時已熱遂輟行要之亦是不索性也

---

① （宋）朱熹：《晦庵先生朱文公文集》卷二《观书有感》，四部丛刊初编。

本书通过梳理大量历史文献资料，对朱熹的自然研究做出全面系统的探讨。具体考察朱熹一生自然研究的历程，深入分析朱熹格物致知说对于自然研究的重视，详细阐述朱熹自然研究的途径与方法、科学思想的创新以及对于自然知识的传播，充分肯定朱熹格物致知说和他的自然研究对于后世科技发展所产生的作用，以期为今天科技文化的发展注入源头活水。

第一章

自然研究的历程

朱熹（1130～1200），字元晦、仲晦，号晦庵、晦翁，别号紫阳、考亭等。祖籍徽州婺源（今属江西），出生于福建尤溪，长期生活于福建武夷山，终老于福建建阳。南宋嘉定二年（1209年）诏赐遗表恩泽，谥曰文，尊称"朱文公"。朱熹是中国历史上继孔孟之后最重要的大儒。同时，朱熹又是中国历史上著述最多、研究领域最广泛的学者，尤其对于自然界的事物也多有研究。朱熹弟子黄榦①（字直卿，号勉斋）所撰《朱先生行状》称朱熹"天文、地志、律历、兵机，亦皆洞究渊微"②。《宋元学案》称朱熹"博极群书，自经史著述而外，凡夫诸子、佛老、天文、地理之学，无不涉猎而讲究也"③。因此，对于自然界事物的研究，也是朱熹一生中非常重要的工作。童年时，他就对天发生兴趣；他研究"四书"（《大学》《中庸》《论语》《孟子》④），尤其重视《大学》，著成《大学章句》，形成了格物致知学说，反映出对自然研究的重视。同时也对天文做了深入的科学探索；直至晚年，他依然在自然研究上乐此不疲。

---

① 朱熹另有一弟子黄榦，字尚质，长溪人。[（清）黄宗羲、全祖望：《宋元学案》（第三册）卷六十九《沧洲诸儒学案上》，中华书局，1986年，第2325页]

② （宋）黄榦：《朝奉大夫华文阁待制赠宝谟阁直学士通议大夫谥文朱先生行状》，《勉斋集》卷三十六，文渊阁四库全书。

③ （清）黄宗羲、全祖望：《宋元学案》（第二册）卷四十八《晦翁学案上》，中华书局，1986年，第1505页。

④ 现在通行的"四书"次序为：《大学》《中庸》《论语》《孟子》。但是按照朱熹思想，该次序应当为：《大学》《论语》《孟子》《中庸》。朱熹曾明确指出："学问须以《大学》为先，次《论语》，次《孟子》，次《中庸》。"[（宋）黎靖德：《朱子语类》（一）卷十四，中华书局，1986年，第249页]

一、童年对天的兴趣

据黄榦《朱先生行状》记载：朱熹童年时聪颖而有悟性，好思而能言。父亲朱松（字乔年，号韦斋）指着天告诉他说："此天也。"朱熹居然问道："天之上何物？"令父亲为之惊讶。① 又据朱熹弟子李方子（字公晦，号果斋）所撰《文公年谱》记载，朱熹童年时，曾指着太阳问父亲："日何所附？"父亲答道："附于天。"又问："天何所附？"父亲为之感到惊奇。② 尽管这一记载与黄榦《朱先生行状》中的相关记载有些出入，且在学术界尚有争议，但朱熹童年对于天的兴趣，则是不争的事实。朱熹晚年还回忆说：

> 某自五六岁，便烦恼道："天地四边之外，是什么物事？"见人说四方无边，某思量也须有个尽处。如这壁相似，壁后也须有什么物事。其时思量得几乎成病。到而今也未知那壁后是何物。③

朱熹童年时期对天地之外是何物提出疑问，还居然"思量得几乎成病"，足见执着；而且，直到晚年还对此无法忘怀，可知印象至深。

现代著名科学家爱因斯坦也有过类似的童年印象。当他还是四五岁的小孩时，父亲给他看一个罗盘，他为指南针能够如此确定地指出方向而惊奇。爱因斯坦晚年回忆说："我现在还记得，至少相信我还记得，这种经验给我一个深刻而持久的印象。我想一定有什么东西深深地隐藏在事情后面。"④ 爱因斯坦由此最终创立相对论。同样，朱熹早年的奇想也促使他后来长期从事天文研究，并有所建树。

据《朱熹年谱》记载：朱熹五岁"始入小学"，八岁"就傅，授

---

① （宋）黄榦：《朝奉大夫华文阁待制赠宝谟阁直学士通议大夫谥文朱先生行状》，《勉斋集》卷三十六，文渊阁四库全书。
② （宋）真德秀：《西山读书记》卷三十一《朱子传授》，文渊阁四库全书。
③ （宋）黎靖德：《朱子语类》（六）卷九十四，中华书局，1986年，第2377页。
④ （美）爱因斯坦：《自述》，《爱因斯坦文集》第一卷，商务印书馆，1976年，第4页。

以《孝经》";而且曾经有一次,与许多小孩一起在沙地上游戏时,他独自一人端坐在地,用手指在沙上画画。大家过来一看,他居然画的是八卦。[1] 后人在朱熹坐沙画卦处建有画卦亭。据《建瓯县志·名胜》记载:"画卦亭,在城南环溪书院前。文公《年谱》云:八岁时尝坐沙上画八卦。今书院久废,沙上尚有片碣,大书'朱文公坐沙画卦处'……民国十七年(1928年),就遗址建亭,翁鹤年撰碑记:昔宋朱文公少时,随父韦斋先生侨寓城南环溪精舍,坐沙画卦于此,有碑署云:朱子坐沙画卦。遗迹相传,后人建画卦亭,以表景仰。迄今七百余载,碑碣犹存,而亭之颓废不知几经年矣。乃者晋君国华重建而新之,其有尊贤重道之思欤!"[2]

《周易》八卦原用以占卜;战国末年,《易传》从天地万物、社会伦理的角度予以诠释;北宋邵雍(字尧夫,谥曰康节)依此建构了一个

图1-1 (选自孙毓修编《朱子》,上海商务印书馆,1918年)

---

[1] (清) 王懋竑:《朱熹年谱》,中华书局,1998年,第2页。
[2] 蔡振坚等:《建瓯县志》卷七《名胜》,民国十八年本。

以太极为本原并由此产生出阴阳八卦进而化生万物、万物又复归于阴阳八卦最终归于太极的宇宙图式。所以，《周易》八卦又被认为包含了天地自然万物的道理。朱熹八岁画八卦，当然不在于占卜；与他五六岁时对天提出的疑问一样，在于对天地自然万物背后所隐藏事物的兴趣。

朱熹五六岁时对天提出疑问，八岁画八卦，后来又持续地对天文感兴趣，终生研究天文，无不应验了那句老话："三岁看八岁，八岁看到老。"

二、学术研究中的天文初探

朱熹八九岁时读《孟子》，立志于圣贤之学；十几岁时，当读到《孟子》所谓"圣人与我同类者"时，"喜不可言，以为圣人亦易做"[①]；十四岁时，父亲去世，从学于刘勉之、胡宪、刘子翚三先生；"年十五六时，读《中庸》"[②]。朱熹还曾指出："盖自十五六时，知读是书（《大学》）。"[③]又说："某年十七八时，读《中庸》《大学》，每早起须诵十遍。"[④]此外，他还无所不学。他晚年回忆说："某旧时亦要无所不学，禅、道、文章，楚辞、诗、兵法，事事要学。出入时无数文字，事事有两册。"[⑤]

朱熹十八岁中进士；二十二岁授左迪功郎、泉州同安县主簿。绍兴二十六年（1156年），朱熹在任职期满之际作《一经堂记》，其中指出："予闻古之所谓学者，非他，耕且养而已矣。其所以不已乎经者，何也？曰将以格物而致其知也。学始乎知，惟格物足以致之。"[⑥]可

① （宋）黎靖德：《朱子语类》（七）卷一百四，中华书局，1986年，第2611页。
② （宋）黎靖德：《朱子语类》（一）卷四，中华书局，1986年，第66页。
③ （宋）朱熹：《晦庵先生朱文公文集》卷四十四《答江德功》（二），四部丛刊初编。
④ （宋）黎靖德：《朱子语类》（二）卷十六，中华书局，1986年，第319页。
⑤ （宋）黎靖德：《朱子语类》（七）卷一百四，中华书局，1986年，第2620页。
⑥ （宋）朱熹：《晦庵先生朱文公文集》卷七十七《一经堂记》，四部丛刊初编。

见，此时他已对《大学》"格物致知"感兴趣，并予以推崇。

绍兴二十九年（1159年），朱熹校订《谢上蔡先生语录》，对二程高足谢良佐（字显道，学者称上蔡先生）的格物穷理思想有了较多的了解。绍兴三十年（1160年），朱熹拜师于李侗（字愿中，学者称延平先生），又对李侗的格物致知思想有所认识。

绍兴三十二年（1162年），朱熹应诏上封事，其中说道："古者圣帝明王之学，必将格物致知以极夫事物之变。"① 次年，又受诏奏事垂拱殿，上奏札，其中说道："大学之道，自天子以至于庶人，壹是皆以修身为本……然身不可以徒修也，深探其本则在乎格物以致其知而已。"② 隆兴二年（1164年），朱熹在《答江元适》中指出："圣门之学，下学之序，始于格物以致其知。"③ 可见，此时朱熹开始大力倡导《大学》的"格物致知"，并视之为修身之本和圣门之学的起始。

乾道元年（1165年）前后，朱熹作《杂学辨》，其中对吕本中（字居仁，学者称大东莱先生）的《大学解》进行辨析。对于吕氏所言"草木之微、器用之别，皆物之理也。求其所以为草木、器用之理，则为格物。草木、器用之理，吾心存焉，忽然识之，此为物格"，朱熹说：

> 伊川先生尝言："凡一物上有一理，物之微者亦有理。"
> 又曰："大而天地之所以高厚，小而一物之所以然，学者皆当理会。"吕氏盖推此以为说而失之者。程子之为是言也，特以明夫理之所在无间于大小精粗而已。若夫学者之所以用功，则必有先后缓急之序，区别体验之方，然后积习贯通，驯致其极。岂以为直存心于一草木器用之问，而与尧舜同者，无故忽然自识之哉！④

在这里，朱熹对程颐要求理会天地万物予以肯定。但是又认为，格

---

① （宋）朱熹：《晦庵先生朱文公文集》卷十一《壬午应诏封事》，四部丛刊初编。
② （宋）朱熹：《晦庵先生朱文公文集》卷十三《癸未垂拱奏札一》，四部丛刊初编。
③ （宋）朱熹：《晦庵先生朱文公文集》卷三十八《答江元适》（二），四部丛刊初编。
④ （宋）朱熹：《晦庵先生朱文公文集》卷七十二《杂学辨·吕氏大学解》，四部丛刊初编。

物必须"有先后缓急之序",并且需要不断积累,以至贯通,不可仅仅"存心于一草木器用之间"而求得"忽然自识之"。

乾道四年(1168年),朱熹系统研究二程(程颢,字伯淳,学者称明道先生;程颐,字正叔,学者称伊川先生),编成《程氏遗书》。二程对于《大学》"格物致知"有过深入的阐释。尤其是,在二程那里格物的对象非常广泛,"语其大,至天地之高厚;语其小,至一物之所以然,学者皆当理会"①。二程甚至指出:"一草一木皆有理,须是察。"②"'多识于鸟兽草木之名',所以明理也。"③以为格物包括研究自然界的鸟兽草木。与此同时,二程还对自然界事物有所研究,特别在天文等方面多有论述。曾指出:"天地阴阳之变,便如二扇磨,升降盈亏刚柔,初未尝停息,阳常盈,阴常亏,故便不齐。譬如磨既行,齿都不齐,既不齐,便生出万变。"④"月受日光而日不为之亏,然月之光乃日之光也。"⑤此外,二程还对"天地之中"感兴趣,指出:"极为天地中,是也,然论地中尽有说。据测景,以三万里为中,若有穷然。有至一边已及一万五千里,而天地之运盖如初也。然则中者,亦时中耳。地形有高下,无适而不为中,故其中不可定下。"⑥

朱熹的学术思想来自"北宋五子"(周敦颐、邵雍、张载、程颢、程颐),受二程影响最大。或许是二程对"天地之中"有过论述的缘故,当时朱熹对"天地之中"也颇感兴趣。乾道六年(1170年),朱熹在《答林择之》中与其弟子林用中(字择之)论及《程氏遗书》关于

---

①②(宋)程颢、程颐:《河南程氏遗书》卷十八,《二程集》(第一册),中华书局,1981年,第193页。

③(宋)程颢、程颐:《河南程氏遗书》卷二十五,《二程集》(第一册),中华书局,1981年,第323页。

④(宋)程颢、程颐:《河南程氏遗书》卷二上,《二程集》(第一册),中华书局,1981年,第32~33页。

⑤(宋)程颢、程颐:《河南程氏遗书》卷十一,《二程集》(第一册),中华书局,1981年,第129页。

⑥(宋)程颢、程颐:《河南程氏遗书》卷二上,《二程集》(第一册),中华书局,1981年,第35页。

“天地之中”的看法，其中说道：

> 《遗书》论“天地之中”数段，亦告为求其旨见喻，更以《周礼》、唐《天文志》系之为佳。[1]

次年，朱熹在《答林择之》中又要林用中测量日影，以确定“地中”，其中说道：

> 竹尺一枚，烦以夏至日依古法立表以测其日中之景，细度其长短。[2]

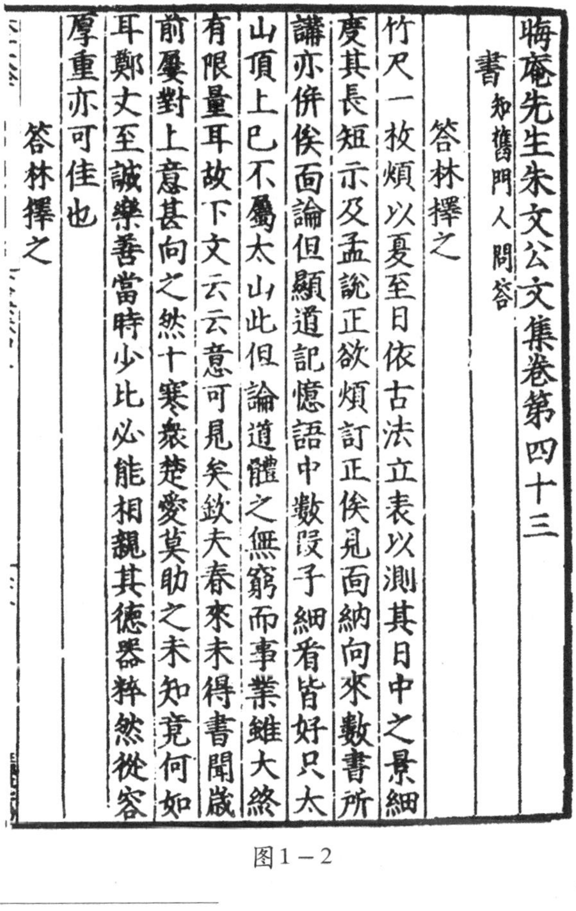

晦庵先生朱文公文集卷第四十三

書 知舊門人問答

答林擇之

竹尺一枚煩以夏至日依古法立表以測其日中之景細度其長短示及孟說正欲煩訂正俟見面納向來數書所講亦併俟面論但顯道記憶語中數段子細看皆好只太山頂上已不屬太山此但論道體之無窮而事業雖大終有限量耳故下文云云意可見矣欽夫春來未得書聞歲前屢對上意甚向之然十寒衆楚愛莫助之未知竟何如耳鄭丈至誠樂善當時少比必能相親其德器粹然從容厚重亦可佳也

答林擇之

图1－2

① （宋）朱熹：《晦庵先生朱文公文集》卷四十三《答林择之》（四），四部丛刊初编。

② （宋）朱熹：《晦庵先生朱文公文集》卷四十三《答林择之》（八），四部丛刊初编。

测量日影的长度是古代重要的天文观测活动之一。最简单的方法是在地上直立一根长八尺的表竿，通过测量日影的长短来确定节气；其中日影最短时为夏至，最长时为冬至，又都称为"日至"。同时，这种方法还用于确定"地中"。《周礼·地官司徒》载："以土圭之法，测土深，正日景，以求地中……日至之景，尺有五寸，谓之地中。"意思是，在夏至日中午测得日影长度为一尺五寸的地方，此地便是"地中"。而且，从"地中"向北，每一千里则日影长度增一寸；向南，每

图1-3　（选自清代孙家鼐纂辑《钦定书经图说》）

一千里则日影长度减一寸。朱熹之所以要其弟子林用中协助在异地测量日影的长度，似乎也是要比较不同地区夏至日日影的长短，以弄明白所谓"地中"的说法。

淳熙元年（1174年），朱熹在《答吕子约》中与吕祖谦（字伯恭，学者称东莱先生）之弟吕祖俭（字子约）讨论《周易》《论语》中的有关问题，同时也论及日月食问题。吕祖俭说："窃尝观之，日月亏食，随所食分数，则光没而魄存，则是魄常在而光有聚散也。所谓魄者在天，岂有形质邪？或乃气之所聚而所谓终古不易者邪？"对此，朱熹答道：

> 日食时亦非光散，但为物掩耳。若论其实，须以终古不易者为体，但其光气常新耳。然亦非但一日一个，盖顷刻不停也。[①]

吕祖俭认为，发生日月食时，光虽然没了，但由气聚而成的"魄"依然存在。朱熹则认为，日食时，日光并不是没了，而是为其他物所遮掩。

需要指出的是，同样也正是在淳熙初年，朱熹基本上形成了他的格物致知思想。他在《答江德功》中与其弟子江默（字德功）讨论格物之说时说道：

> 格物之说，程子论之详矣。而其所谓"格，至也，格物而至于物，则物理尽"者，意句俱到，不可移易。熹之谬说，实本其意，然亦非苟同之也。盖自十五六时，知读是书（《大学》）而不晓格物之义，往来于心余三十年，近岁就实用功处求之，而参以他经传记，内外本末，反复证验，乃知此说之的当，恐未易以一朝卒然立说破也。夫天生烝民，有物有则。物者，形也；则者，理也。形者，所谓形而下者也；理者，所谓形而上者也。人之生也，固不能无是物矣，而不明其物之理，

---

① （宋）朱熹：《晦庵先生朱文公文集》卷四十七《答吕子约》（九），四部丛刊初编。

则无以顺性命之正而处事物之当。故必即是物以求之，知求其理矣。而不至夫物之极，则物之理有未穷，而吾之知亦未尽。故必至其极而后已。此所谓格物而至于物，则物理尽者也。物理皆尽，则吾之知识廓然贯通，无有蔽碍，而意无不诚，心无不正矣。此《大学》本经之意，而程子之说然也。①

事实上，这是朱熹对于自己早期学术历程的回顾和总结。这里有三个方面应当引起重视：其一，朱熹认为，他自十五六岁开始读《大学》，经过了三十年的思索，到四十五六岁时才明白《大学》格物之义，"乃知此说之的当，恐未易以一朝卒然立说破也"。也就是说，至此，朱熹形成了关于格物致知的基本思想；其二，朱熹认为，他的格物致知思想是本之于二程的格物之说，但又不是完全一致；其三，朱熹特别强调"格物而至于物"，要求把握"物理"；并且认为，把握"物理"就可以使"吾之知识廓然贯通"，可以"顺性命之正而处事物之当"。这些思想都是后来他的《大学章句》"格物致知"补传中的重要内容。

淳熙二年（1175年），朱熹与吕祖谦共同编订《近思录》，分为十四卷：（一）道体；（二）为学大要；（三）格物穷理；（四）存养；（五）改过迁善，克己复礼；（六）齐家之道；（七）出处、进退、辞受之义；（八）治国、平天下之道；（九）制度；（十）君子处事之方；（十一）教学之道；（十二）改过及人心疵病；（十三）异端之学；（十四）圣贤气象。②其中第三卷"格物穷理"引述二程语录："'凡一物上有一理，须是穷致其理……须是今日格一件，明日又格一件，积习既多，然后脱然自有贯通处。'""求之情性，固是切于身。然一草一木皆有理，须是察。"③显然，朱熹讲格物致知，既强调修养

---

① （宋）朱熹：《晦庵先生朱文公文集》卷四十四《答江德功》（二），四部丛刊初编。
② （宋）黎靖德：《朱子语类》（七）卷一百五，中华书局，1986年，第2629页。
③ （宋）朱熹、吕祖谦：《近思录》卷三，文渊阁四库全书。

性情，又明确要求把握草木之理。需要指出的是，《近思录》的各章排序以及主要内容非常类似于后来朱熹的《大学章句》，体现了朱熹理学体系的基本框架；其中所述"格物穷理"，不仅反映了朱熹当时已成雏形的格物致知思想，而且这些思想实际上为《大学章句》"格物致知"补传所融合。

三、天文研究与格致说的成熟

随着"格物致知说"的逐渐形成，朱熹对于天文的研究也愈加深入。淳熙五年（1178年），朱熹在《答蔡季通》中与其弟子蔡元定讨论乐律以及天文历法，其中说道：

> 历法恐亦只可略论大概规模，盖欲其详，即须仰观俯察乃可验。今无其器，殆亦难尽究也。[①]

蔡元定，字季通，福建建阳人，学者称西山先生；精于天文、地理、吕律、象数，著作有《律吕新书》《大衍详说》等；为朱熹"四大弟子"（蔡元定、黄榦、蔡沈、陈淳）之首。蔡元定的年龄仅比朱熹小五岁，并在天文、乐律等方面有所造诣，很受朱熹的器重。从上文所引用的《答蔡季通》可知，当时朱熹正与蔡元定讨论天文历法，并且认为要研究历法，就必须使用天文仪器进行实际的天文观测。

同年，朱熹在《答蔡季通》中还说：

> 律书缓写不妨，历法莫亦可草定一梗概否？若用先天分数，不知日月五星之属，迟速进退，皆可于此取齐否？若得此二书成，亦不为无补于世也。[②]

显然，朱熹正在与蔡元定讨论撰写有关乐律和历法的著作。

---

① （宋）朱熹：《晦庵先生朱文公文集·续集》卷二《答蔡季通》（六），四部丛刊初编。
② （宋）朱熹：《晦庵先生朱文公文集·续集》卷二《答蔡季通》（七），四部丛刊初编。

淳熙十三年（1186年），朱熹在《答蔡季通》中与蔡元定讨论他们合撰的《易学启蒙》书稿中的有关问题，同时还论及蔡氏父子所编《星经》以及所校《步天歌》，其中说道：

> 《星经》紫垣固所当先，太微、天市乃在二十八舍之中，若列于前，不知如何指其所在？恐当云在紫垣之旁某星至某星之外，起某宿几度，尽某宿几度。又记其帝坐处，须云在某宿几度，距紫垣几度，赤道几度，距垣四面各几度，与垣外某星相直。及记其昏见及昏旦夜半当中之星，其垣四面之星，亦须注与垣外某星相直，乃可易晓……《星经》可付三哥毕其事否？甚愿早见之也。近校得《步天歌》颇不错，其说虽浅而词甚俚，然亦初学之阶梯也。①

在这里，朱熹就如何准确表达恒星的位置问题进行了细致的讨论，其中涉及古代天文学的三垣二十八宿星象体系②。朱熹与蔡元定既是师生关系，又多有学术合作。他们不仅有合撰的《易学启蒙》，而且从以上书信可以看出，蔡氏父子所编《星经》以及所校《步天歌》亦系朱熹所托付。信中所说："《星经》可付三哥毕其事否？"其中"三哥"是指蔡元定三子蔡沈（字仲默）。后来，朱熹还嘱托蔡沈编撰《书经集传》。

同年，朱熹在《答蔡伯静》中与蔡元定长子蔡渊（字伯静）讨论《易学启蒙》书稿，并进一步讨论了蔡氏父子所编《星经》中的有关问题，其中说道：

> 天经之说，今日所论乃中其病，然亦未尽。彼论之失，正坐以天形为可低昂反复耳。不知天形一定，其间随人所望固有

①（宋）朱熹：《晦庵先生朱文公文集》卷四十四《答蔡季通》（五），四部丛刊初编。
②三垣，即紫微垣、太微垣、天市垣三个星空区。北极星周围邻近的范围为紫微垣，其中包括北极五星：太子、帝、庶子、后宫、天枢；紫微垣东北部天空的某一范围为太微垣；紫微垣东南部天空的某一范围为天市垣。二十八宿，即黄道、天赤道附近所划定的二十八个星空区，有东方苍龙七宿（角、亢、氐、房、心、尾、箕）；北方玄武七宿（斗、牛、女、虚、危、室、壁）；西方白虎七宿（奎、娄、胃、昴、毕、觜、参）；南方朱雀七宿（井、鬼、柳、星、张、翼、轸）。

少不同处，而其南北高下自有定位，政使人能入于弹圆之下以望之，南极虽高，而北极之在北方，只有更高于南极，决不至反入地下而移过南方也。但入弹圆下者自不看见耳。盖图虽古所创，然终不似天体，孰若一大圆象，钻穴为星，而虚其当隐之规，以为瓮口，乃设短轴于北极之外，以缀而运之，又设短轴于南极之北，以承瓮口，遂自瓮口设四柱，小梯以入其中，而于梯末架空北入，以为地平，使可仰窥而不失浑体耶？[①]

在这里，朱熹与蔡渊讨论了《星经》所论天经之说的毛病，既肯定了《星经》的批评，又感到其有所未尽。在朱熹看来，天经之说的毛病在于以为天形可以"低昂反复"，而不知其"南北高下自有定位"。他

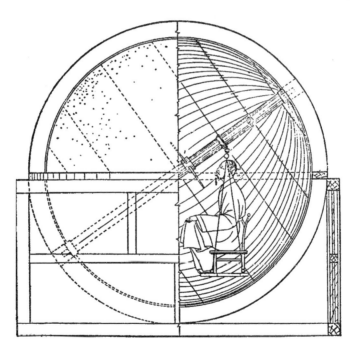

图1-4（选自王振铎著《科技考古论丛》，文物出版社，1989年）

[①]（宋）朱熹：《晦庵先生朱文公文集·续集》卷三《答蔡伯静》（二），四部丛刊初编。

认为，天之北极高于地面，而南极在地面以下，天形的南北高下是一定的；虽然随着人所处的位置不同，而看到南北极的高低有所不同，但北极总是高于南极，而不可能低于地面以下的南极。他还认为，如果能够进入一个天球之中，这种南北极位置的高低就可以得到证明。为此，他设想了一种人可以进入其中观看天象的庞大的假天仪。当然，在朱熹之前，北宋天文学家苏颂、韩公廉等人已经制造过这样的假天仪。①

淳熙十四年（1187年），朱熹在《答廖子晦》中与其弟子廖德明（字子晦）讨论《论语》《周易》以及乐律等问题，同时也讨论了日月运行轨道以及日月食问题。其中廖德明说："天有黄、赤二道，沈存中云'非天实有之，特历家设色以记日月之行耳'。夫日之所由，谓之黄道。史家又谓月有九行，黑道二，出黄道北；赤道二，出黄道南；白道二，出黄道西；青道二，出黄道东；并黄道而九。如此，即日月之行，其道各异……然每月合朔，不知何以同度？而会于所会之辰，又有或蚀或不蚀，悉未能晓。"朱熹回答说：

> 日月道之说，所引皆是。日之南北虽不同，然皆随黄道而行耳。月道虽不同，然亦常随黄道而出其旁耳。其合朔时，日月同在一度；其望日，则日月极远而相对；其上下弦，则日月近一而远三。如日在午，则月或在卯，或在酉之类是也。故合朔之时，日月之东西虽同在一度，而月道之南北或差远，于日则不蚀。或南北虽亦相近，而日在内，月在外，则不蚀。此正如一人秉烛，一人执扇，相交而过。一人自内观之，其两人相去差远，则虽扇在内，烛在外，而扇不能掩烛。或秉烛者在内，而执扇在外，则虽近而扇亦不能掩烛。以此推之，大略可见。②

在这里，朱熹先是讨论日月运行轨道的不同，然后进一步探讨了合朔时，即每月初一日月处在同一度时，为什么不一定会发生日月食。而

---

① 王振铎：《中国最早的假天仪》，《科技考古论丛》，文物出版社，1989年，第281页。
② （宋）朱熹：《晦庵先生朱文公文集》卷四十五《答廖子晦》（十四），四部丛刊初编。

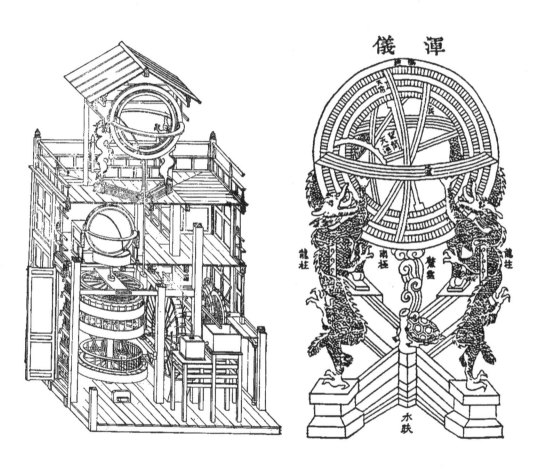

图1－5（选自王振铎著《科技考古论丛》，文物出版社，1989年）

且，他还用烛和扇的位置变化进行具体的模拟演示。

北宋天文学家苏颂（字子容）主持创制水运仪象台，由水力推动，集浑仪、浑象和报时装置为一体。同时，他还著成《新仪象法要》，对水运仪象台的总体结构以及各个部件，包括浑仪、浑象的结构，加以绘图说明，特别是对浑仪的制作技术作了详细介绍。后来，水运仪象台被毁，他所撰《新仪象法要》则流传后世。

淳熙十五年（1188年），朱熹有五封书信谈到苏颂所著《新仪象法要》：

其一，《答江德功》说道："浑仪诗甚佳，其间黄簿所谓浑象者是也。三衢有印本苏子容丞相所撰《新仪象法要》，正谓此俯视者为浑象也。但详吴掾所说平分四孔加以中星者，不知是物如何制作？殊不可晓，恨未得见也。"[1]

其二，《答苏晋叟》说道："《新仪象法要》顷过三衢已得之矣，今承寄示，尤荷留念。但其间亦误一、二字，及有一、二要切处却说得未相接。不知此书家藏定本尚无羌否？因书可禀知府丈丈再为雠正，庶几观者无复疑惑，亦幸之甚也。"[2]

其三，《答蔡季通》说道："《新仪象法要》一册纳上。但归来方得细看，其运转之机全在河车，而河车须入乃转，恐未尽古法。试者之如何也。"[3]

其四，《答蔡季通》说道："《新仪象法要》昨因子庄过此再看，向来不相接处，今已得之。"[4]

其五，《答江德功》说道："玑衡之制，在都下不久，又苦足痛，未能往观。然闻极疏略，若不能作水轮，则姑亦如此可矣。要之，以衡窥玑，仰占天象之实，自是一器。而今人所作小浑象自是一器，不当并

---

① （宋）朱熹：《晦庵先生朱文公文集》卷四十四《答江德功》（十二），四部丛刊初编。
② （宋）朱熹：《晦庵先生朱文公文集》卷五十五《答苏晋叟》（一），四部丛刊初编。
③ （宋）朱熹：《晦庵先生朱文公文集·续集》卷二《答蔡季通》（三十三），四部丛刊初编。
④ （宋）朱熹：《晦庵先生朱文公文集·续集》卷二《答蔡季通》（六十八），四部丛刊初编。

作一说也。元佑之制极精，然其书（苏颂《新仪象法要》）亦有不备，乃最是紧切处，必是造者秘此一节，不欲尽以告人耳。"①

从以上五封书信可以看出，此时朱熹已对苏颂的《新仪象法要》作了深入细致的研读，并发现不同版本之间存在着的误差。同时，朱熹还指出苏颂《新仪象法要》"亦有不备"，其中有些可能是由于制造者对其关键部分的保密。从这些书信中还可以看出，朱熹对浑仪表现出极大的兴趣。

淳熙十六年（1189年），朱熹在《答蔡季通》中说道：

> 极星出地之度，赵君云福州只廿四度，不知何故自福州至此已差四度，而自此至岳台，却只差八度也。子半之说尤可疑，岂非天旋地转，闽浙却是天地之中也耶？②

显然，这时的朱熹可能已经使用浑仪观测过"极星出地之度"，并且试图通过比较不同地区所测北极星的高度及其与地中岳台的关系，以推测大地可能有旋转运动。根据此书信似乎亦可推断，此时朱熹家中或许已有浑仪。

重要的是，同样也正是在淳熙十六年，朱熹的《大学章句》终于完成。该书把《大学》分为"经"一章和"传"十章，并把《大学》"明明德"、"亲民"、"止于至善"三者称为"大学之纲领"，把"格物"、"致知"、"诚意"、"正心"、"修身"、"齐家"、"治国"、"平天下"八者称为"大学之条目"，这就是所谓"三纲八目"。尤其是，该书还对《大学》"格物致知"作了全面的诠释。在注释《大学》"致知在格物"时，朱熹指出："致，推极也；知，犹识也。推极吾之知识，欲其所知无不尽也。格，至也。物，犹事也。穷至事物之理，欲其极处无不到也。"在注释"物格而后知至"时指出："物格者，物理之极处无不

---

① （宋）朱熹：《晦庵先生朱文公文集》卷四十四《答江德功》（十三），四部丛刊初编。
② （宋）朱熹：《晦庵先生朱文公文集·续集》卷二《答蔡季通》（二十七），四部丛刊初编。

到也。知至者，吾心之所知无不尽也。"① 尤为重要的是，朱熹《大学章句》还作"格物致知"补传：

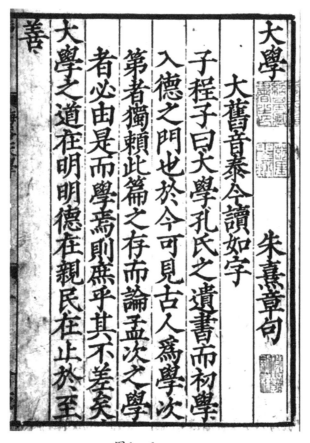

图 1-6

所谓致知在格物者，言欲致吾之知，在即物而穷其理也。盖人心之灵莫不有知，而天下之物莫不有理，惟于理有未穷，故其知有不尽也。是以《大学》始教，必使学者即凡天下之物，莫不因其已知之理而益穷之，以求至乎其极。至于用力之

①（宋）朱熹：《四书章句集注·大学章句》，《朱子全书》第六册，上海古籍出版社等，2002年，第17页。

久，而一旦豁然贯通焉，则众物之表里精粗无不到，而吾心之
全体大用无不明矣。此谓物格，此谓知之至也。①

这段论述对格物的含义、格物的对象、格物的方法、格物的目标、格物的过程以及完成等作了精要的论述，实际上是朱熹对其格物致知说的完整表述，标志着朱熹格物致知思想的成熟。重要的是，在这段论述中，朱熹明确认为，格物在于即凡天下之物而穷其理。因此，无论是把"格物"的"格"注释为"至"，还是把"格物"注释为"即物而穷其理"，都是强调要接触和研究天下之物并达到对于物之理的深入认识。

与《大学章句》一起完成的《大学或问》，是朱熹通过问答方式对《大学章句》有关问题的进一步诠释和解答。在《大学或问》中，朱熹对《大学章句》"格物致知"补传作了进一步阐释，其中引述二程所言"物必有理，皆所当穷。若天地之所以高深，鬼神之所以幽显是也"，"语其大，天地之所以高厚，语其小，至一物之所以然，皆学者所宜致思也"，"求之情性，固切于身，然一草一木，亦皆有理，不可不察"；并且还提出了格物致知的"用力之方"，指出：

> 若其用力之方，则或考之事为之著，或察之念虑之微，或求之文字之中，或索之讲论之际，使于身心性情之德、人伦日用之常，以至天地鬼神之变、鸟兽草木之宜，自其一物之中，莫不有以见其所当然而不容己，与其所以然而不可易者。②

朱熹认为，通过对外部事物或是对内部心理思维的考察，通过在读书或是讲论中的求索，就可以把握"身心性情之德、人伦日用之常以至天地鬼神之变、鸟兽草木之宜"中"所当然而不容己"与"所以然而不可易"的"理"。在这里，朱熹的格物明确包括了对于自然界事物的研究。

---

① （宋）朱熹：《四书章句集注·大学章句》，《朱子全书》第六册，上海古籍出版社等，2002年，第20页。
② （宋）朱熹：《四书或问·大学或问下》，《朱子全书》第六册，上海古籍出版社等，2002年，第525～528页。

对于朱熹来说，《大学章句》是他一生中最重要的著作之一，其中对《大学》"格物致知"的诠释是他对于儒学的重要创新，也是他所构建理学体系的出发点。需要指出的是，朱熹格物致知说的形成与他的天文探索是同步进行的；他讲格物，要求格自然界事物，或许与他的天文研究有着密切的关系；同时，他的格物，强调对于自然界事物的研究，反映出他对自然研究的重视，则是他进行自然研究的思想基础。

四、晚年的自然研究

朱熹完成了《大学章句》以及格物致知说的建构之后，又在最后的十年里，极力地予以阐发和宣扬，并且始终强调格物致知必须研究自然界事物。绍熙二年（1191年），朱熹在《答黄子耕》中说："格物，只是就一物上穷尽一物之理；致知，便只是穷得物理尽后我之知识亦无不尽处，若推此知识而致之也。"[1] 同年，在《答曹元可》中说："大学之道，虽以诚意正心为本，而必以格物致知为先。所谓格物致知，亦曰穷尽物理，使吾之知识无不精切而至到耳。"[2] 庆元六年（1200年），朱熹在《答廖子晦》中仍然论及格物致知问题。针对廖子晦所谓为学"不在乎事事物物之实理，而特以洞见全体为功"，朱熹指出："且曰洞见全体，而后事无不善，则是未见以前，未尝一一穷格，以待其贯通，而直以意识想象之耳。"[3] 这也许是朱熹一生中最后一次讨论格物致知问题。据记载，该年三月五日晚，在讲张载《西铭》时，朱熹又言："为学之要，惟事事审求其是，决去其非，积累日久，心与理一，自然所发皆无私曲。圣人应万事，天地生万物，直而已矣。"六日，朱

---

① （宋）朱熹：《晦庵先生朱文公文集》卷五十一《答黄子耕》（五），四部丛刊初编。
② （宋）朱熹：《晦庵先生朱文公文集》卷五十九《答曹元可》，四部丛刊初编。
③ （宋）朱熹：《晦庵先生朱文公文集》卷四十五《答廖子晦》（十八），四部丛刊初编。

熹改《大学》"诚意章"。九日，朱熹去世。①

朱熹自十五六岁开始读《大学》，直至临终前几天改《大学》"诚意章"，这很能说明《大学》对于朱熹之重要。甚至朱熹自己也明确指出："我平生精力尽在此书（《大学》）"；"某于《大学》用工甚多"。② 同时这也表明，诠释《大学》、构建格物致知说贯穿于朱熹学术生涯的始终，是其学术生命的主线。为此，《四库全书总目》说："朱子之学，大旨主于格物穷理。"③ 钱穆也认为，朱熹讲格物致知，"为朱子在一般理学思想中之最独特亦最伟大处"④，"朱子全部学术，即是其格物穷理之学"⑤。

在他生命历程的最后十年里，朱熹不仅努力阐发和宣扬《大学章句》以及格物致知说，而且仍然继续他的自然研究。日本科学史家山田庆儿在所著《朱子的自然学》中指出："作为宋学的集大成者，南宋的朱子不仅是中国古代最伟大的思想家，同时也是一位卓越的自然学家。他在晚年的最后十年里，把更多的时间都花在了对自然的思索和研究上。他当时的一些书信以及去世前所撰写的《楚辞集注》和委托其弟子所完成的《书集传》，特别是他的弟子们所记述编辑的《朱子语类》，都保留了大量足以显示其丰硕成果的重要片段。"⑥

据《朱子语类》朱熹弟子童伯羽（字蜚卿）《庚戌（1190年）所闻》：

> 康节谓："日，太阳也；月，少阴也；星，少阳也；辰，太阴也。星辰，非星也。"又曰："辰弗集于房。"房者，舍也。故十二辰亦谓之十二舍。上"辰"字谓日月也，所谓

---

① （清）王懋竑：《朱熹年谱》，中华书局，1998年，第267～268页。

② （宋）黎靖德：《朱子语类》（一）卷十四，中华书局，1986年，第258页。

③ （清）永瑢、纪昀等：《四库全书总目》卷九十二《子部·儒家类二·近思录》，文渊阁四库全书。

④ 钱穆：《朱子学提纲》，三联书店，2002年，第122页。

⑤ 钱穆：《朱子学提纲》，三联书店，2002年，第206页。

⑥ （日）山田庆儿：《朱子的自然学·序言》，日本东京：岩波书店，1978年。

三辰。北斗去辰争十二来度。日蚀是日月会合处。月合在日之下，或反在上，故蚀。月蚀是日月正相照。伊川谓月不受日光，意亦相近。盖阴盛亢阳，而不少让阳故也。又曰："日月会合，故初一初二，月全无光。初三渐开，方微有弦上光，是哉生明也。开后渐亦光，至望则相对，故圆。此后复渐相近，至晦则复合，故暗。月之所以亏盈者此也。"①

如前所述，北宋邵雍建构了一个以太极为本原的宇宙图式，而且还在天文学上很有造诣。在这里，朱熹既讨论了邵雍的有关天文学的概念，又进一步讲述了日、月食产生的原因以及月的盈亏变化过程。

据《朱子语类》朱熹弟子郑可学（字子上）《辛亥（1191年）所闻》，朱熹说：

月受日光，常为日所蔽，惟望日在中，则人见其明。历家云："日行一岁一周天，月行一月一周天。"②

朱熹还在讨论胡宏（字仁仲，学者称五峰先生）所谓"一气大息，震荡无垠，海宇变动，山勃川湮，人物消尽，旧迹大灭，是谓洪荒之世"时，以高山有螺蚌壳，说明原来处于水中、生长着螺蚌的石头，会上升而为高山，从而证明"下者却变而为高，柔者变而为刚"③的道理。同时，朱熹还赞同二程所谓"动静无端，阴阳无始"的说法，并以高山上多有蛎壳之类，说明"低处成高"，以生于泥沙中的蛎，后来处于山石之中，说明"柔化为刚"，从而证明"天地变迁，何常之有"。④显然，朱熹这里的讨论具有很高的地学价值，待后再详叙。

据《朱子语类》朱熹弟子曼渊（字亚夫）《癸丑（1193年）所闻》，朱熹说：

地却是有空阙处。天却四方上下都周匝无空阙，逼塞满皆

① （宋）黎靖德：《朱子语类》（一）卷二，中华书局，1986年，第21页。

② 《朝鲜古写徽州本〈朱子语类〉》卷二，日本京都：中文出版社，1982年。

③ （宋）黎靖德：《朱子语类》（六）卷九十四，中华书局，1986年，第2367页。

④ （宋）黎靖德：《朱子语类》（六）卷九十四，中华书局，1986年，第2369页。

是天。地之四向底下却靠着那天。天包地，其气无不通。恁地看来，浑只是天了。气却从地中迸出，又见地广处。①

历数微眇，如今下漏一般。漏管稍涩，则必后天；稍阔，则必先天，未子而子，未午而午。②

显然，朱熹在这里对于天文以及历法的阐述，更多的是在向其弟子传播和讲解基本的天文历法知识。

据《朱子语类》朱熹弟子杨至（字至之）《癸丑（1193年）、甲寅（1194年）所闻》，朱熹说：

天道与日月五星皆是左旋。天道日一周天而常过一度。日亦日一周天，起度端，终度端，故比天道常不及一度。月行不及十三度四分度之一。今人却云月行速，日行迟，此错说也。但历家以右旋为说，取其易见日月之度耳。③

在这里，朱熹对"天道与日月五星皆是左旋"的左旋说与右旋说作了分析。按照左旋说，月左旋较慢，日左旋较快，因此直观上看，月右旋较快，日右旋较慢。

绍熙五年（1194年），朱熹在《答李敬子、余国秀》中与其弟子李燔（字敬子）讨论宇宙无限的问题，指出：

天之外无穷，而其中央空处有限。天左旋而星拱极，仰观可见。四游之说则未可知。然历家之说，乃以算数得之，非凿空而言也。若果有之，亦与左旋、拱北之说不相妨。如虚空中一圆球，自内而观之，其坐向不动而常左旋；自外而观之，则又一面四游以薄四表而止也。④

---

① （宋）黎靖德：《朱子语类》（一）卷一，中华书局，1986年，第6页。
② （宋）黎靖德：《朱子语类》（一）卷二，中华书局，1986年，第21页。
③ （宋）黎靖德：《朱子语类》（一）卷二，中华书局，1986年，第14页。
④ （宋）朱熹：《晦庵先生朱文公文集》卷六十二《答李敬子、余国秀》，四部丛刊初编。

在朱熹看来，天地所构成的只是有限的"虚空中一圆球"，天地之外则是无穷的虚空；自内不可看到的现象，比如历家所说的"四游"，自外则可以看到。

同年，朱熹在《答张敬之》中与其弟子张显父（字敬之）讨论《孟子》，最后又论及潮汐问题，其中说道：

> 大抵天地之间东西为纬，南北为经，故子午卯酉为四方之正位，而潮之进退以月至此位为节耳。以气之消息言之，则子者阴之极而阳之始，午者阳之极而阴之始，卯为阳中，酉为阴中也。①

在这里，朱熹讨论了潮汐与月亮运行之间的关系。

庆元元年（1195年），朱熹撰成《楚辞集注》，其中对屈原《天问》篇的注释涉及大量天文学知识。对于"九天之际，安放安属？隈隈多有，谁知其数？"朱熹引邵雍《渔樵问答》所言："樵者问渔者曰：'天何依？'曰：'依乎地。''地何附？'曰：'附乎天。'曰：'然则天地何依何附？'曰：'自相依附。天依形，地附气。其形也有涯，其气也无涯。'"并进一步说道：

> 天之形圆如弹丸，朝夜运转，其南北两端后高前下，乃其枢轴不动之处。其运转者亦无形质，但如劲风之旋。当昼则自左旋而向右，向夕则自前降而归后，当夜则自右转而复左，将旦则自后升而趋前，旋转无穷，升降不息，是为天体，而实非有体也。地则气之查滓聚成形质者，但以其束于劲风旋转之中，故得以兀然浮空，甚久而不坠耳。黄帝问于岐伯曰："地有凭乎？"岐伯曰："大气举之。"亦谓此也。其曰九重，则自地之外，气之旋转益远益大，益清益刚。究阳之数而至于九，则极清极刚，而无复有涯矣。②

① （宋）朱熹：《晦庵先生朱文公文集》卷五十八《答张敬之》（一），四部丛刊初编。
② （宋）朱熹：《楚辞集注》卷三《天问》，《朱子全书》第十九册，上海古籍出版社等，2002年，第66页。

在这里，朱熹对宇宙结构作了较为完整的描述，其中还对地之所以"兀然浮空"以及天有九重作了解释。

图1-7

对于"天何所沓？十二焉分？日月安属？列星安陈？"，朱熹注曰：

在地之位一定不易，而在天之象运转不停，惟天之鹑火，加于地之午位，乃与地合，而得天运之正耳。盖周天三百六十五度四分度之一，周布二十八宿以著天体，而定四方之位。以天绕地，则一昼一夜适周一匝，而又超一度。日月五星亦随天以绕地，而唯日之行，一日一周，无余无欠，其余则皆有迟速之差焉。然其悬也，固非缀属而居；其运也，亦非推

挽而行。但当其气之盛处，精神光曜，自然发越，而又各自有
次第耳。列子曰："天，积气耳"，"日月星辰，亦积气中之
有光曜者。"张衡《灵宪》曰："星也者，体生于地，精成于
天，列居错峙，各有攸属。"此言皆得之矣。①

在这里，朱熹对日月五星绕地旋转的不同速度及其原因作了阐述。

图1-8

① （宋）朱熹：《楚辞集注》卷三《天问》，《朱子全书》第十九册，上海古籍出版社等，2002
年，第67页。

对于"夜光何德，死则又育？厥利维何，而顾菟在腹？"，朱熹注曰：

> 历象旧说，月朔则去日渐远，故魄死而明生；既望则去日渐近，故魄生而明死；至晦而朔，则又远日而明复生，所谓死而复育也。此说误矣。若果如此，则未望之前，西近东远，而始生之明，当在月东；既望之后，东近西远，而未死之明，却在月西矣。安得未望载魄于西，既望终魄于东，而朔日以为明乎？故唯近世沈括之说，乃为得之。盖括之言曰："月本无光，犹一银丸，日耀之乃光耳。光之初生，日在其傍，故光侧而所见才如钩；日渐远，则斜照而光稍满。大抵如一弹丸，以粉涂其半，侧视之则粉处如钩；对视之则正圆也。"近岁王普又申其说曰："月生明之夕，但见其一钩，至日月相望，而人处其中，方得见其全明。必有神人能凌到景，旁日月而往参其间，则虽弦晦之时，亦得见其全明，而与望夕无异耳。"以此观之，则知月光常满，但自人所立处视之，有偏有正，故见其光有盈有亏，非既死而复生也。若顾菟在腹之问，则世俗桂树、蛙、兔之传，其惑久矣。或者以为日月在天，如两镜相照，而地居其中，四旁皆空水也。故月中微黑之处，乃镜中大地之影，略有形似，而非真有是物也。斯言有理，足破千古之疑矣。[①]

在这里，朱熹进一步讨论了月之盈亏、月中黑影及其形成的原因。由此可见，朱熹《楚辞集注》刈《天问》篇所提出的有关宁宙、天文诸多问题的逐一解答，实际上包含了丰富的天文学思想。

同年，朱熹在《答曾无疑》中与曾三异（字无疑）讨论为学问题，同时也论及天文历法，其中说道：

---

① （宋）朱熹：《楚辞集注》卷三《天问》，《朱子全书》第十九册，上海古籍出版社等，2002年，第68页。

晷景制作甚精，三衢有王伯照侍郎所定《官历刻漏图》一编，亦与此同。历象之学，自是一家，若欲穷理，亦不可以不讲。然亦须大者先立，然后及之，则亦不至难晓而无不通矣。①

在这里，朱熹一边赞赏所制作的天文仪器，一边则把历象之学归于他的格物致知之中。

另据《朱子语类》朱熹弟子汤泳（字叔永）"乙卯（1195年）所闻"，朱熹说：

天左旋，日月亦左旋。但天行过一度，日只在此，当卯而卯，当午而午。某看得如此，后来得《礼记》说，暗与之合。②

莫要说水星。盖水星贴着日行，故半月日见。③

显然，这是在向其弟子讲述"天左旋，日月亦左旋"的左旋说以及水星的有关问题。此外，朱熹还说："天行一日差一度，行只是如此，却定月行迟十三度有奇。"④

庆元二年（1196年），朱熹把所撰《周易参同契考异》定本寄给其弟子蔡渊，并附《答蔡伯静》。该书信还说：

浑象之说，古人已虑及此，但不说如何运转。今当作一小者，粗见其形制，但难得车匠耳。⑤

可见，朱熹在完成了《周易参同契考异》之后，还希望制作一个小浑象，以弄清其结构，但苦于找不到制作者。

同年，朱熹听说地理学家黄裳（字文叔）曾作木刻地图，便在《答李季章》中吩咐好友李壁（字季章）前去仿制，其中说道：

闻黄文叔顷年尝作地理木图以献，其家必有元样，欲烦为寻访，刻得一枚见寄。或恐太大，难于寄远，即依谢庄方丈

① （宋）朱熹：《晦庵先生朱文公文集》卷六十《答曾无疑》（五），四部丛刊初编。
② （宋）黎靖德：《朱子语类》（一）卷二，中华书局，1986年，第14页。
③ （宋）黎靖德：《朱子语类》（一）卷二，中华书局，1986年，第22页。
④《朝鲜古写徽州本〈朱子语类〉》卷二，日本京都：中文出版社，1982年。
⑤ （宋）朱熹：《晦庵先生朱文公文集·续集》卷三《答蔡伯静》（四），四部丛刊初编。

木图，以两三路为一图，而傍设牝牡，使其犬牙相入，明刻表识，以相离合，则不过一大掩，可贮矣。①

后来，朱熹还自己亲手用胶泥制作了地图，并且还说："若更得黄图参照尤佳。"②

就在这一年，朱熹还写成了科学论文《北辰辨》和《九江彭蠡辨》。《北辰辨》专门讨论北辰问题。北辰，即天之北极。按照司马迁《史记》的《天官书》，在紫微垣北极五星（太子、帝、庶子、后宫、天枢）中，帝星为"太一常居"，为天之北极。据此，《北辰辨》说："帝坐惟在紫微者，据北极七十二度常见不隐之中，故有北辰之号而常居其所。盖天形运转，昼夜不息，而此为之枢。如轮之毂，如砚之齐，虽欲动而不可得，非有意于不动也。"③事实上，朱熹并不认为帝星就是天之北极。他说："《史记》载北极有五星，太一常居中，是极星也。辰非星，只是星中间界分。其极星亦微动，惟辰不动，乃天之中，犹磨之心也。"④在朱熹看来，天之北极是不动的，而帝星亦"微动"。针对当时有些人把紫微垣之外的其他三处与帝星相等同，以为"皆居其所而为不动者"，《北辰辨》认为，这三处"其南距赤道也皆近，其北距天极也皆远，则固不容于不动，而不免与二十八宿同其运行矣。故其或东或西，或隐或现，各有度数"；如果将它们等同于紫微垣的帝星，"则是一天而四枢、一轮而四毂，一砚而四齐也。分寸一移，则其辐裂而瓦碎也无日矣"。⑤

---

① （宋）朱熹：《晦庵先生朱文公文集》卷三十八《答李季章》（二），四部丛刊初编。
② （宋）朱熹：《晦庵先生朱文公文集》卷三十八《答李季章》（四），四部丛刊初编。
③ （宋）朱熹：《晦庵先生朱文公文集》卷七十二《北辰辨》，四部丛刊初编。
④ （宋）黎靖德：《朱子语类》（二）卷二十三，中华书局，1986年，第536页。
⑤ （宋）朱熹：《晦庵先生朱文公文集》卷七十二《北辰辨》，四部丛刊初编。

晦庵先生朱文公文集卷第七十二

雜著

比辰辨

帝坐惟在紫微者据比極七十二度常見不隱之中故有
比辰之媺而常居其所蓋天形運轉晝夜不息而此爲之
樞如輪之轂如磑之齊雖欲動而不可得非有意於不動
也若夫天極之在帝坐之在尾攝提之在亢其南距赤道
也皆近其比距天極也皆遠則固不容於不動而不免與
二十八宿同其運行矣故其或東或西或隱或見各有度
數仰而觀之蓋無晷刻之或停也今曰是與在紫微者皆
居其所而爲不動者四則是一天而四樞一輪而四轂一
磑而四齊也分寸一移則其輻裂而瓦碎也無日矣若之

图1－9

《九江彭蠡辨》对《尚书·禹贡》中有关地理方面的叙述提出了质疑。对于《禹贡》所言"嶓冢道漾，东流为汉，又东为沧浪之水，过三澨，至于大别，南入于江，东汇泽为彭蠡，东为北江，入于海"，"岷山导江，东别为沱，又东至于澧，过九江，至于东陵，东迤北会于汇，东为中江，入于海"，"岷山之阳，至于衡山，过九江，至于敷浅原"，当时学者"皆以为是既出于圣人之手，则固不容复有讹谬，万世之下，但当尊信诵习，传之无穷，亦无以核其事实是否为也"。针对这种情况，朱熹以自己亲身的实地考察对《禹贡》中的一些叙述作了纠正，并对当时学者不经过实地考察，盲目记诵和牵强附会地解释《禹贡》中的记述提出了批评。[1]

此外，朱熹于这一年编纂的《仪礼经传通解》卷二十五、二十六，收入了儒家经典中含有丰富科技知识的《尚书》的《尧典》和《舜典》，《周礼》的"冯相氏"和"保章氏"，《大戴礼记》的《夏小正》以及《礼记》的《月令》。

《尧典》是古代重要的天文学著作。该著作叙述了帝尧命令羲氏、和氏通过观测日月星辰的运行制定历法告知百姓之事。其具体做法是："日中星鸟，以殷仲春"；"日永星火，以正仲夏"；"宵中星虚，以殷仲秋"；"日短星昴，以正仲冬"。这就是根据昼夜的长短与黄昏时中天的亮星来确定四时季节，即：昼夜等长的时候，若黄昏时见到鸟星升到中天，为仲春或春分；白昼最长的时候，见到大火星升到中天，为仲夏或夏至；昼夜再次等长的时候，见到虚星升到中天，为仲秋或秋分；白昼最短的时候，见到昴星升到中天，为仲冬或冬至。对于《尧典》的这一段叙述在中国古代天文学上的意义，李约瑟曾给予了高度的评价，称它是"中国官方天文学的基本宪章"[2]。

《周礼》是对周王室及春秋战国时期各诸侯国官制的综合。从所述各官员的职责来看，有一些官职是由具备一定科技知识的人所担任的，因而其中也涉及古代的科技知识。比如："冯相氏"，"掌十有二岁、十有二月、十有二辰、十日、二十有八星之位，辨其叙事，以会天位。冬夏致日，春秋致月，以辨四时之叙"；"保章氏"，"掌天星以志星辰、日月之变动，以观天下之迁，辨其吉凶。以星土辨九州之地所封；封域皆有分星，以观妖祥。以十有二岁之相，观天下之妖祥"。

《夏小正》是我国现存最早的具有丰富物候知识的著作。[3] 该书按

---

① （宋）朱熹：《晦庵先生朱文公文集》卷七十二《九江彭蠡辨》，四部丛刊初编。
② （英）李约瑟：《中国科学技术史》第四卷《天学》，科学出版社，1975年，第42页。
③ 杜石然等：《中国科学技术史稿》（上册），科学出版社，1982年，第73页。

照一年中月份的顺序，对各个月份的物候、气象、天象和农事活动分别作了记载，涉及天文、气象、动植物等多方面的知识。

《月令》按照一年中季节的变化顺序，对各个季节、月份的衣食住行等作了详细的规定，并且包含了对于天象、物候的记述，以及对于农事活动等所作的规定，被认为是古代重要的与农学有关的著作，开古代月令式农书之先河。

朱熹《仪礼经传通解》不仅收入了这些具有丰富科技知识的儒家经典，而且还在前人注释的基础上，作了进一步解释，使之更为丰富。

在注释《尚书·尧典》所谓"日中星鸟，以殷仲春"、"日永星火，以正仲夏"、"宵中星虚，以殷仲秋"、"日短星昴，以正仲冬"时，该篇引林氏曰：

> 盖仲春之月，日在昴，入于酉地，则初昏之时，鹑火之星见于南方正午之位，当是时也，昼五十刻，夜五十刻，是为春分之气，故曰：日中星鸟，以殷仲春。仲夏之月，日在星，入于酉地，初昏之时，大火之星见于南方正午之位，当是时也，昼长夜短，昼六十刻，夜四十刻，是为夏至之气，故曰：日永星火，以正仲夏。仲秋之月，日在心，入于酉地，则初昏之时，虚之星见于南方正午之位，当是时也，昼夜分，昼五十刻，夜五十刻，是为秋分之气，故曰：宵中星虚，以殷仲秋。仲冬之月，日在虚，入于酉地，初昏之时，昴星见于南方正午之位，当是时也，昼短夜长，昼四十刻，夜六十刻，是为冬至之气，故曰：日短星昴，以正仲冬。[①]

在注释《尚书·舜典》"在璇玑玉衡，以齐七政"时，该篇论述了浑天说以及浑仪的发展历史，其中说道：

> 汉武帝时落下闳、鲜于妄人始为浑天之法，宣帝时司农中丞耿寿昌始铸铜为之象，史官施用焉，后汉张衡作《灵宪》以

① (宋) 朱熹：《仪礼经传通解·仪礼集传集注》卷二十五《历数》，文渊阁四库全书。

说其状，蔡邕、郑玄、陆绩，吴时王蕃，晋世姜岌、张衡、葛洪皆论浑天之义，并以浑说为长。江南宋元嘉中皮延宗又作是《浑天论》，太史丞钱乐铸铜作浑天仪，传于齐、梁，周平江陵，迁其器于长安，今在太史台矣。衡长八尺，玑径八尺，圆周二丈五尺，强转而望之，有其法也。唐正观中李淳风为之，开元中浮屠一行、梁令瓒又为之，唐乱而亡。我宋太平兴国中蜀人张思训始创为之，至元祐中苏颂更造，其法尤密，置浑仪于上以仰观，置浑象于下以俯视，枢机轮轴隐于中，以水激轮则浑象皆动，不假人力。[1]

庆元四年（1198年），朱熹又专门注释了《尚书》的《尧典》与《舜典》。在对《尧典》的注释中，朱熹讨论了天文学的岁差、置闰法等概念，待后再叙。在对《舜典》"在璇玑玉衡，以齐七政"的注释中，朱熹先是阐述了早期的浑天说，指出："天之形状似鸟卵，地居其中，天包地外，犹卵之里黄，圆如弹丸，故曰浑天，言其形体浑浑然也。其术以为天半覆地上，半在地下，其天居地上，见有一百八十二度半强，地下亦然。"[2]接着又阐述了历代对于浑天仪的制作与改进，并对当时的浑天仪结构作了详细的描述：

（浑仪）为仪三重，其在外者曰六合仪。平置单环，上刻十二辰，八十四偶在地之位以准地而面定四方。侧立黑双环，具刻去极度数，以中分天脊，直跨地平，使其半出地上，半入地下，而结于其子午，以为天经。斜倚赤单环，具刻赤道度数，以平分天腹，横绕天经，亦使半出地上，半入地下，而结于其卯酉，以为天纬。二环表里相结不动。其天经之环则南北二极皆为圆轴，虚中而内向以掣三辰、四游之环。以其上下四方于是可考，故曰六合。次其内曰三辰仪，侧立黑双环，亦

---

① （宋）朱熹：《仪礼经传通解·仪礼集传集注》卷二十五《历数》，文渊阁四库全书。
② （宋）朱熹：《晦庵先生朱文公文集》卷六十五《尚书·舜典》，四部丛刊初编。

刻去极度数，外贯天经之轴，内挈黄、赤二道。其赤道则为赤
单环，外依天纬，亦刻宿度，而结于黑双环之卯酉。其黄道则
为黄双环，亦刻宿度，而又斜倚于赤道之腹，以交结于卯酉。
而半入其内，以为春分后之日轨，半出其外，以为秋分后之日
轨。又为白单环以承其交，使不倾。垫下设机轮，以水激之，
使其日夜随天东西运转，以为象天行。以其日月星辰于是可
考，故曰三辰。其最在内者曰四游仪，亦为黑双环，如三辰仪
之制，以贯天经之轴。其环之内则两面当中各施直距，外跞指
两轴，而当其要中之内，又为小窾，以受玉衡要中之小轴，使
衡既得随环东西运转，又可随处南北低昂，以待占候者之仰窥
焉。以其东西南北无不周遍，故曰四游。此其法之大略也。①

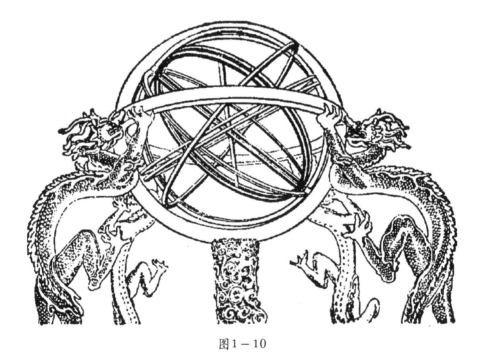

图1—10

---

① （宋）朱熹：《晦庵先生朱文公文集》卷六十五《尚书·舜典》，四部丛刊初编。

　　显然，朱熹对浑仪的结构有深入细致的了解。值得一提的是，朱熹对于浑仪结构的这段描述，后来收入蔡沈所作《书经集传》，并随着该书成为宋代以后科举考试的重要教科书之一而产生很大影响。

　　另据《朱子语类》朱熹弟子胡泳（字伯量）《戊午（1198年）所闻》：

　　　　问："周天之度，是自然之数，是强分？"曰："天左旋，一昼一夜行一周，而又过了一度。以其行过处，一日作一度，三百六十五度四分度之一，方是一周。只将南北表看：今日恁时看，时有甚星在表边；明日恁时看，这星又差远，或别是一星了。"①

　　　　问："日是阳，如何反行得迟如月？"曰："正是月行得迟。"问："日行一度，月行十三度有奇。"曰："历家是将他退底度数为进底度数。天至健，故日常不及他一度；月又迟，故不及天十三度有奇。且如月生于西，一夜一夜渐渐向东，便可见月退处。"问："如此说，则是日比天行迟了一度，月比天行迟了十三度有奇。"曰："历家若如此说，则算着那相去处度数多。今只以其相近处言，故易算。闻季通云：'西域有九执历，却是顺算'。"②

　　　　问："月受日光，只是得一边光？"曰："日月相会时，日在月上，不是无光，光都载在上面一边，故地上无光。到得日月渐渐相远时，渐擦挫，月光渐渐见于下。到得望时，月光浑在下面一边。望后又渐渐光向上去。"③

　　从这些问答中可以看出，朱熹及其弟子对天文学有很大的兴趣，并且已经对一些天文学概念有一定程度的把握。

---

① （宋）黎靖德：《朱子语类》（一）卷二，中华书局，1986年，第13页。
② （宋）黎靖德：《朱子语类》（一）卷二，中华书局，1986年，第16～17页。
③ （宋）黎靖德：《朱子语类》（一）卷二，中华书局，1986年，第20页。

庆元五年（1199年），朱熹嘱托弟子蔡沈作《书经集传》，同时又在《答蔡仲默》中讨论相关的天文学问题，指出其存在的错误，其中说道：

> 星室之说，俟更详看。但云"天绕地左旋，一日一周"，此句下恐欠一两字。说地处却似亦说得有病。盖天绕地一周了，更过一度；日之绕地比天虽退，然却一日只一周而无余也。①

稍后，朱熹就蔡渊、蔡元定有关天文的论说向弟子黄义刚（字毅然）阐述了自己的看法。据宋刻本《九峰蔡先生书集传》"黄义刚毅然记朱熹语"记载：

> 义刚归有日，先生曰："公这数日也莫要闲？"义刚言："伯静在此数日，因与之理会天度。"问："伯静之说如何？"义刚言："伯静以为天是一日一周，日则不及一度，非在过一度也。"先生曰："此说不是。若以为天是一日一周，则四时中星如何解不同？若是如此，则日日一般，却如何纪岁？把甚么时节做定限？若以天为不过而日不及一度，则趱来趱去将次午时便打三更矣！"因取《礼记·月令疏》，指其中说早晚不同，及更行一度两处，曰："此说得甚分明。其他历书都不如此说。盖非不晓，但是说滑了口后，信口说，习而不察，更不去子细检点。而今若就天里看时，只是行得三百六十五度四分度之一。若把天外来说，则是一日过了一度。季通尝有言：'论日月，则在天里；论天，则在太虚空里。若去太虚空里观那天，自是日日衮得不在旧时处。'"先生至此，以手画轮子，曰："谓如今日在这一处，明日自是又衮动着些子，又不在旧时处了。"又曰："天无体，只二十八

---

① （宋）朱熹：《晦庵先生朱文公文集·续集》卷三《答蔡仲默》（四），四部丛刊初编。

宿便是体。日月皆从角起，日则一日运一周，依旧只到那角上；天则一周了，又过角些子。日日累上去，到一年便与日会。"次日，蔡仲默附至《书传》"天说"云："天体至圆，周围三百六十五度四分度之一，绕地左旋，常一日一周而过一度……"先生以此示义刚，曰："此说分明。"

另据《朱子语类》朱熹弟子吕焘（字德昭）"己未（1199年）所闻"：

"月无盈阙，人看得有盈阙。盖晦日则月与日相叠了，至初三方渐渐离开去，人在下面侧看见，则其光阙。至望日则月与日正相对，人在中间正看见，则其光方圆。"因云，《礼运》言："播五行于四时，和而后月生也。"如此，则气不和时便无月，恐无此理。其云"三五而盈，三五而阙"，彼必不曾以理推之。若以理推之，则无有盈阙也。毕竟古人推究事物，似亦不甚子细。或云："恐是说元初有月时。"曰："也说不得。"[1]

朱熹自五六岁时就对天外是何物提出疑问，直到七十岁还在讨论天文学问题；显然，对于自然界事物的兴趣、思考以及研究，是朱熹学术生涯中不可分割的重要组成部分。一方面是对《大学》"格物致知"的创造性的诠释，从而建构起完整而系统的理学体系，另一方面是对自然界事物的不断研究和思考，二者互相交融、互相促进，从而使朱熹成为自孔子以来能够在儒学与科学上均有造诣的重要学者。

---

[1] （宋）黎靖德：《朱子语类》（一）卷二，中华书局，1986年，第20页。

第二章

格物致知与自然研究

作为一个以诠释儒家经典、弘扬儒家思想为己任的大儒，朱熹之所以研究自然，与儒学及其发展有着密切的关系。儒学经典《诗经》《尚书·尧典》和《尚书·禹贡》《礼记·月令》《周礼》等都包含着丰富的自然知识；[①] 而且历代都有儒家学者研究自然，尤其自北宋开始，儒家学者大都对自然感兴趣；以周敦颐、邵雍、张载、二程为代表的理学一脉更是对自然有着深入的研究。[②] 因此，朱熹无论是要注释儒学经典，还是要继承发展儒学传统，都离不开对自然的研究。重要的是，朱熹研究自然，还与他的格物致知说密切相关。在朱熹看来，格物在于即凡天下之物而穷其理，包括了格自然界事物，即自然研究。而且他认为包括自然研究在内的格物是心性修养的重要组成部分，是"入于圣贤之域"所不可或缺的重要环节，从而体现出朱熹对于自然研究的重视，这也是朱熹之所以研究自然的最为重要的原因。

一、格物包括自然研究

"格物"概念源自于《大学》。自西汉时期《大学》编入《礼记》并被确立为儒家经典之后，历代都有儒家学者对"格物"做出各自的解说。北宋的司马光（字君实）作《大学广义》，《大学》开始有单行本。对于"格物"，他指出："《大学》曰：'致知在格物'，格，犹扞也，御也。能扞御外物，然后能知至道矣。"[③] 把"格物"诠释

---

① 乐爱国：《儒家经典中的科技知识》，《中华文化论坛》，2004年第1期。
② 乐爱国：《宋代的儒学与科学》，中国科学技术出版社，2007年，第37～49页。
③（宋）司马光：《温国文正司马公文集》卷七十一《致知在格物论》，四部丛刊初编。

为"扞御外物"。二程则指出："'致知在格物。'格，至也。物，事也。事皆有理，至其理，乃格物也。"①又说："格，犹穷也；物，犹理也。犹曰穷其理而已也。穷其理，然后足以致之，不穷则不能致也。"②朱熹不仅作《大学章句》把"格物"看作《大学》"三纲八目"中的重要概念，而且吸取了二程的思想，形成了体系化的格物致知说。

（一）格物与自然研究

朱熹《大学章句》"格物致知"补传所谓"物"为"天下之物"。《大学或问》说："天道流行，造化发育，凡有声色貌象而盈于天地之间者，皆物也。"③也就是说："眼前凡所应接底都是物。"④其中也包括自然界事物。同时，格物并不仅仅只是接物、多识，而且更在于"即物而穷其理"。

朱熹的格物，范围非常广泛。他说：

> 天地中间，上是天，下是地，中间有许多日月星辰，山川草木，人物禽兽，此皆形而下之器也。然这形而下之器之中，便各自有个道理，此便是形而上之道。所谓格物，便是要就这形而下之器，穷得那形而上之道理而已。⑤

显然，朱熹的格物包括研究日月星辰、山川草木、人物禽兽等自然界事物。他还说：

> 上而无极、太极，下而至于一草、一木、一昆虫之微，亦各有理。一书不读，则阙了一书道理；一事不穷，则阙了一事道理；一物不格，则阙了一物道理。须著逐一件与他理会过。⑥

---

① （宋）程颢、程颐：《河南程氏外书》卷二，《二程集》（第二册），中华书局，1981年，第365页。

② （宋）程颢、程颐：《河南程氏遗书》卷二十五，《二程集》（第一册），中华书局，1981年，第316页。

③ （宋）朱熹：《四书或问·大学或问下》，《朱子全书》第六册，上海古籍出版社等，2002年，第526页。

④ （宋）黎靖德：《朱子语类》（一）卷十五，中华书局，1986年，第282页。

⑤ （宋）黎靖德：《朱子语类》（四）卷六十二，中华书局，1986年，第1496页。

⑥ （宋）黎靖德：《朱子语类》（一）卷十五，中华书局，1986年，第295页。

大而天地阴阳，细而昆虫草木，皆当理会。一物不理会，这里便缺此一物之理。①

对于孔子曰："《诗》，可以兴，可以观，可以群，可以怨，迩之事父，远之事君，多识于鸟兽草木之名。"朱熹说："那上面六节，固是当理会；若鸟兽草木之名，何用自家知之？但是既为人，则于天地之间物理，须要都知得，方可。"②这里明确把包括鸟兽草木在内的"天地之间物理"皆当作格物的对象。

需要指出的是，朱熹讲格物，就是要"即物而穷其理"，既讲"即物"，又讲"穷理"，二者统一而缺一不可；而讲"即物而穷其理"，又是以存在着物之理为前提的。关于"理"，《大学或问》说："至于天下之物，则必各有所以然之故，与其所当然之则，所谓理也。"③"所以然之故"是指事物存在和变化的原因与规律；"所当然之则"则是指事物存在和变化所遵循的规则。"即物而穷其理"，就是要穷得事物的"所以然之故"与"所当然之则"，"知事物之所以然与其所当然者"。④朱熹说："学者须当知夫天如何而能高，地如何而能厚，鬼神如何而为幽显，山岳如何而能融结，这方是格物。"⑤他还说："如程子云：'天所以高，地所以厚。'若只言天之高，地之厚，则不是论其所以然矣。"⑥"又如天下万事，一事各有一理，须是一一理会教彻。不成只说道：'天，吾知其高而已；地，吾知其深而已；万物万事，吾知其为万物万事而已！'"⑦

由此可见，朱熹的格物要求格自然界事物，是以自然之物中存在着自然之理为前提的，是要通过格自然之物而穷得自然之理。他说：

---

① （宋）黎靖德：《朱子语类》（七）卷一百一十七，中华书局，1986年，第2817页。

② （宋）黎靖德：《朱子语类》（七）卷一百一十九，中华书局，1986年，第2869～2870页。

③ （宋）朱熹：《四书或问·大学或问上》，《朱子全书》第六册，上海古籍出版社等，2002年，第512页。

④ （宋）朱熹：《晦庵先生朱文公文集》卷六十四《答或人》（七），四部丛刊初编。

⑤ （宋）黎靖德：《朱子语类》（二）卷十八，中华书局，1986年，第399页。

⑥ （宋）黎靖德：《朱子语类》（二）卷十八，中华书局，1986年，第414页。

⑦ （宋）黎靖德：《朱子语类》（二）卷十八，中华书局，1986年，第414～415页。

至若万物之荣悴与夫动植大小，这底是可以如何使，那底
是可以如何用，车之可以行陆，舟之可以行水，皆所当理会。①

朱熹认为，格物必须搞清楚各种动植物的作用，理会车和舟的行走
原理。他还说：

虽草木亦有理存焉。一草一木，岂不可以格。如麻麦稻
粱，甚时种，甚时收，地之肥，地之硗，厚薄不同，此宜植某
物，亦皆有理。②

律历、刑法、天文、地理、军旅、官职之类，都要理会。
虽未能洞究其精微，然也要识个规模大概，道理方浃洽通透。③

显然，朱熹讲格物，不仅要求格自然界事物，而且强调把握自然
界事物之理，实际上包含了对于自然的深入而细致的分析研究。重要的
是，这种自然研究已经或多或少地达到了科学研究的要求。

（二）自然研究与致知

朱熹讲格物，要求研究自然界事物，理会其中的"理"，目的在于
"致知"。这就是朱熹《大学章句》"格物致知"补传所说："至于用
力之久，而一旦豁然贯通焉，则众物之表里精粗无不到，而吾心之全体
大用无不明矣。此谓物格，此谓知之至也。"这里的"致知"不只是明
白某个具体的道理，而是对天下万物的道理都彻底明白。问题是，包括
自然研究在内的格物是否能够达到这一"致知"的目的呢？

朱熹讲格物致知与"理一分殊"联系在一起。他说：

近而一身之中，远而八荒之外，微而一草一木之众，莫不
各具此理……然虽各自有一个理，又却同出于一个理尔。如排
数器水相似：这盂也是这样水，那盂也是这样水，各各满足，

---

① （宋）黎靖德：《朱子语类》（二）卷十八，中华书局，1986年，第395页。
② （宋）黎靖德：《朱子语类》（二）卷十八，中华书局，1986年，第420页。
③ （宋）黎靖德：《朱子语类》（七）卷一百一十七，中华书局，1986年，第2831页。

不待求假于外。然打破放里，却也只是个水。此所以可推而无不通也。所以谓格得多后自能贯通者，只为是一理。[①]

这段论述大致包括三方面的含义：

首先，天下万物各有不同的理。朱熹还举例说："如这片板，只是一个道理，这一路子恁地去，那一路子恁地去。如一所屋，只是一个道理，有厅，有堂。如草木，只是一个道理，有桃，有李。如这众人，只是一个道理，有张三，有李四；李四不可为张三，张三不可为李四。如阴阳，《西铭》言理一分殊，亦是如此。"[②]

其次，万物各自的理同出于一个理。朱熹还举例说："恰如天上下雨：大窝窟便有大窝窟水，小窝窟便有小窝窟水，木上便有木上水，草上便有草上水。随处各别，只是一般水。"[③]

再次，万物各有一太极。朱熹说："盖体统是一太极，然又一物各具一太极……本只是一太极，而万物各有禀受，又自各全具一太极尔。如月在天，只一而已；及散在江湖，则随处而见。"[④]可见，在朱熹那里，万物既有各自不同的理，还共同具有"总天地万物之理"的"太极"。

在朱熹看来，包括自然界事物在内的天下万物，既有各自不同的理，又源自并具有一个共同的理，所以，"格得多后自能贯通者"。

与此同时，朱熹说："天以阴阳五行化生万物，气以成形，而理亦赋焉……于是人物之生，因各得其所赋之理。"[⑤]"心者，人之神明，所以具众理而应万事者也。性则心之所具之理，而天又理之所从以出者也。"[⑥]并且明确提出"心具众理"[⑦]。朱熹还认为，由于"气禀所拘，

① （宋）黎靖德：《朱子语类》（二）卷十八，中华书局，1986年，第398～399页。
② （宋）黎靖德：《朱子语类》（一）卷六，中华书局，1986年，第102页。
③ （宋）黎靖德：《朱子语类》（二）卷十八，中华书局，1986年，第399页。
④ （宋）黎靖德：《朱子语类》（六）卷九十四，中华书局，1986年，第2409页。
⑤ （宋）朱熹：《四书章句集注·中庸章句》，《朱子全书》第六册，上海古籍出版社等，2002年，第32页。
⑥ （宋）朱熹：《四书章句集注·孟子集注》，《朱子全书》第六册，上海古籍出版社等，2002年，第425页。
⑦ （宋）朱熹：《晦庵先生朱文公文集》卷三十二《问张敬夫》（三十六），四部丛刊初编。

人欲所蔽，则有时而昏"，"故学者当因其所发而遂明之，以复其初也"。①在朱熹看来，人之心已具备万物之理，只是为"气禀所拘，人欲所蔽"，所以要穷理。他说："不穷理，则有所蔽而无以尽乎此心之量。故能极其心之全体而无不尽者，必其能穷夫理而无不知者也。"②可见，在朱熹看来，心具众理，格物致知实际上是要通过即物穷理而明白心中所具有的众理。

至于自然界事物的理与心中所具有的众理的关系，二程已有论述。据《二程遗书》载，问："观物察己，还因见物反求诸身否？"程颐曰："不必如此说。物我一理，才明彼，即晓此，合内外之道也。"③对此，朱熹作了具体说明。据《朱子语类》载：

> 问："格物须合内外始得？"曰："他内外未尝不合。自家知得物之理如此，则因其理之自然而应之，便见合内外之理。目前事事物物，皆有至理。如一草一木，一禽一兽，皆有理。草木春生秋杀，好生恶死；仲夏斩阳木，仲冬斩阴木，皆是顺阴阳道理……自家知得万物均气同体，'见生不忍见死，闻声不忍食肉'，非其时不伐一木，不杀一兽，'不杀胎，不殀夭，不覆巢'，此便是合内外之理。"④

在朱熹看来，由于"事事物物，皆有至理"，而且"内外未尝不合"，所以格自然界事物无须再反求诸身，以求得内外相合，而是要通过"即物而穷其理"的功夫，穷得自然界事物之"理"，而这本身即是"合内外之理"。因此，格自然界事物就可以明白心中所具有的众理。

尽管朱熹通过在本体论上讲"理一分殊"，在心性论上讲"心具众

<hr>

① (宋) 朱熹：《四书章句集注·大学章句》，《朱子全书》第六册，上海古籍出版社等，2002年，第16页。
② (宋) 朱熹：《四书章句集注·孟子集注》，《朱子全书》第六册，上海古籍出版社等，2002年，第425页。
③ (宋) 程颢、程颐：《河南程氏遗书》卷十八，《二程集》（第一册），中华书局，1981年，第193页。
④ (宋) 黎靖德：《朱子语类》（一）卷十五，中华书局，1986年，第296页。

理"，把自然界事物的理与心中所具有的众理直接等同起来，只是属于一种哲学上的假设。但是他认为包括自然研究在内的格物可以达到"致知"，实现"众物之表里精粗无不到，而吾心之全体大用无不明"，这无疑是对自然研究的重视。尤其是，朱熹强调"学者且要去万理中千头万绪都理会，四面凑合来，自见得是一理"①，这明显具有科学认识论的价值。

二、自然研究需要心性修养

事实上，朱熹虽然在理论上认为包括自然研究在内的格物可以达到"致知"，但是为了实现这一过程，还是对格物提出了诸多规定和要求，特别强调格物必须与心性修养结合在一起。

首先，朱熹讲格物，以"敬"为根本。朱熹《大学或问》把二程所言"入道莫如敬，未有能致知而不在敬者"、"涵养须用敬，进学则在致知"等五条有关涵养的语录称为"格物致知之本"。②关于"敬"，朱熹多有论述。张立文的《朱熹评传》认为，朱熹的"敬"有三方面的规定：其一，敬是"主一"；其二，敬是收拾自家精神；其三，敬是动容貌，整思虑。③从格物致知的角度看，朱熹较多地把"敬"规定为收敛身心、专心致志。朱熹特别强调"敬"对于格物致知的重要性，明确提出"持敬是穷理之本"④，要求"用诚敬涵养为格物致知之本"⑤。并且还说："自持敬始，使端悫纯一静专，然后能致知格物。"⑥他甚至明确指出：

①（宋）黎靖德：《朱子语类》（七）卷一百一十七，中华书局，1986年，第2820页。
②（宋）朱熹：《四书或问·大学或问下》，《朱子全书》第六册，上海古籍出版社等，2002年，第526页。
③张立文：《朱熹评传》，南京大学出版社，1998年，第286～287页。
④（宋）黎靖德：《朱子语类》（一）卷九，中华书局，1986年，第150页。
⑤（宋）黎靖德：《朱子语类》（二）卷十八，中华书局，1986年，第407页。
⑥（宋）黎靖德：《朱子语类》（一）卷十四，中华书局，1986年，第251页。

《大学》须自格物入，格物从敬入最好。只敬，便能格物。①

所以，朱熹还说："'敬'字功夫，乃圣门第一义，彻头彻尾，不可顷刻间断。"②认为包括自然研究在内的格物必须以"敬"为根本，并且要求把"敬"贯穿于整个格物致知过程。

其次，朱熹讲格物，强调从切己处入手。他说：

格物，须是从切己处理会去。待自家者已定叠，然后渐渐推去，这便是能格物。③

据《朱子语类》载，

问："格物虽是格天下万物之理，天地之高深，鬼神之幽显，微而至于一草一木之间，物物皆格，然后可也；然而用工之始，伊川所谓'莫若察之吾身者为急'。不知一身之中，当如何用力，莫亦随事而致察否？"曰："次第亦是如此。但如今且从头做将去。若初学，又如何便去讨天地高深、鬼神幽显得？"④

可见，朱熹的格物，首先是要"从切己处理会"，"察之吾身"，然后再格自然界事物。他还说：

世间之物，无不有理，皆须格过。古人自幼便识其具，且如事亲事君之礼，钟鼓铿锵之节，进退揖逊之仪，皆目熟其事，躬亲其礼。及其长也，不过只是穷此理，因而渐及于天地、鬼神、日月、阴阳、草木、鸟兽之理。⑤

而且，朱熹认为，只有这样，才能知道如何去格自然界事物。他说：

① （宋）黎靖德：《朱子语类》（一）卷十四，中华书局，1986年，第269页。
② （宋）黎靖德：《朱子语类》（一）卷十二，中华书局，1986年，第210页。
③ （宋）黎靖德：《朱子语类》（一）卷十五，中华书局，1986年，第284页。
④ （宋）黎靖德：《朱子语类》（二）卷十八，中华书局，1986年，第401页。
⑤ （宋）黎靖德：《朱子语类》（一）卷十五，中华书局，1986年，第286～287页。

且穷实理，令有切己功夫。若只泛穷天下万物之理，不务切己，即是《遗书》所谓"游骑无所归"矣。[①]

显然，在朱熹看来，格物是有先后缓急之别的，要先有"切己功夫"，然后才有能力去格自然界事物，并且不至于在格自然界事物中找不到归宿。

第三，朱熹讲格物，要求"大者先立"。朱熹认为，"道"有大小之分，"正心修身以治人，道之大者也；专一家之业以治于人，道之小者也"。[②]如前所述，在论及天文学时，朱熹指出："历象之学，自是一家，若欲穷理，亦不可以不讲。然亦须大者先立，然后及之，则亦不至于难晓而无不通矣。"[③]在他看来，"历象之学"这类"专一家之业"，属于"小道"；而"正心修身"才是"大道"，格物必须"大者先立"。同时，他又认为，"小道"亦不可以不讲，"小道不是异端，小道亦是道理，只是小。如农圃、医卜、百工之类，却有道理在，只一向上面求道理便不通了"。[④]所以，在朱熹看来，虽然无论"大道"或是"小道"，"皆用于世而不可无者，其始固皆圣人之作，而各有一物之理焉，是以必有可观也"[⑤]，但是，又必须"大者先立"，以"大道"为根本。当然，在具体的格物过程中，朱熹则认为，应当随事遇物而格。他说："遇事接物之间，各须一一去理会始得。不成是精底去理会，粗底又放过了；大底去理会，小底又不问了。如此，终是有欠阙。但随事遇物，皆一一去穷极，自然分明。"[⑥]又说："万事只是一理，不成只拣大底、要底理会，其他都不管。譬如海水，一湾一曲，一洲一

① （宋）黎靖德：《朱子语类》（二）卷十八，中华书局，1986年，第400页。
② （宋）朱熹：《四书或问·论语或问》，《朱子全书》第六册，上海古籍出版社等，2002年，第900～901页。
③ （宋）朱熹：《晦庵先生朱文公文集》卷六十《答曾无疑》（五），四部丛刊初编。
④ （宋）黎靖德：《朱子语类》（四）卷四十九，中华书局，1986年，第1200页。
⑤ （宋）朱熹：《四书或问·论语或问》，《朱子全书》第六册，上海古籍出版社等，2002年，第901页。
⑥ （宋）黎靖德：《朱子语类》（一）卷十五，中华书局，1986年，第286页。

渚，无非海水。不成道大底是海水，小底不是。"①在朱熹看来，在具体的格物过程中，不能只格大的、重要的，而顾此失彼。

第四，朱熹讲格物，必须内事外事皆当理会。朱熹认为，格物既应当"察物理"，又应当"察之于身"。据《朱子语类》载：

> 问："格物莫若察之于身，其得之尤切。"曰："前既说当察物理，不可专在性情，此又言莫若得之于身为尤切，皆是互相发处。"②

显然，在朱熹看来，"察物理"与"察之于身"应当互相启发。正因为如此，他特别强调格内在身心性情的"内事"与格外部事物的"外事"不可偏颇。他说："务反求者，以博观为外弛；务博观者，以内省为狭隘，堕于一偏。此皆学者之大病也！"③他还说：

> 见人之敏者，太去理会外事，则教之使去父慈、子孝处理会，曰："若不务此，而徒欲泛然以观万物之理，则吾恐其如大军之游骑，出太远而无所归。"若是人专只去里面理会，则教之以"求之情性，固切于身，然一草一木亦皆有理"。要之，内事外事，皆是自己合当理会底，但须是六七分去里面理会，三四分去外面理会方可。若是功夫中半时，已自不可。况在外功夫多，在内功夫少耶！此尤不可也。④

朱熹认为，格外部事物较多者，应当加强身心性情方面的修养，而只在身心性情方面下功夫者，则应当多关注外部事物。这里所谓"六七分去里面理会，三四分去外面理会"，既反映出朱熹"内事"与"外事"不可或缺、皆当理会的思想，又表现了朱熹对于"内事"的略微重视。

---

① （宋）黎靖德：《朱子语类》（七）卷一百一十七，中华书局，1986年，第2822页。
② （宋）黎靖德：《朱子语类》（二）卷十八，中华书局，1986年，第401页。
③ （宋）黎靖德：《朱子语类》（一）卷九，中华书局，1986年，第160页。
④ （宋）黎靖德：《朱子语类》（二）卷十八，中华书局，1986年，第406页。

第五，朱熹讲格物，讲求"积习既多，自当脱然有贯通处"。朱熹认为，格物是一个不断深入的过程。他说：

> 格物者，格，尽也，须是穷尽事物之理。若是穷得三两分，便未是格物。须是穷尽得到十分，方是格物。[①]

所以，朱熹非常强调积累。他认为，二程所说的"所谓穷理者，非欲尽穷天下之理，又非是止穷得一理便到。但积累多后，自当脱然有悟处"，"此语最亲切"[②]。他还非常推崇二程所谓"今日格一件，明日又格一件，积习既多，然后脱然自有贯通处"，指出："他此语便是真实做功夫来。"[③]又说："此言该内外，宽缓不迫，有涵泳从容之意，所谓'语小天下莫能破，语大天下莫能载'也。"[④]他自己也说：

> 今日既格得一物，明日又格得一物，功夫更不住地做。如左脚进得一步，右脚又进一步；右脚进得一步，左脚又进，接续不已，自然贯通。[⑤]

> "积习既多，自当脱然有贯通处"，乃是零零碎碎凑合将来，不知不觉，自然醒悟。其始固须用力，及其得之也，又却不假用力。[⑥]

由此可见，在朱熹那里，包括自然研究在内的格物是与心性修养结合在一起的，甚至必须以心性修养为根本。而且重要的是，只有这样，包括自然研究在内的格物才有可能在循序渐进的积累过程中，豁然贯通，达到"致知"，实现"众物之表里精粗无不到，而吾心之全体大用无不明"，从而体现出自然研究对于"致知"的价值。

如前所述，朱熹早年曾作《杂学辨》，在评析吕本中的《大学解》

---

① （宋）黎靖德：《朱子语类》（一）卷十五，中华书局，1986年，第283页。
② （宋）黎靖德：《朱子语类》（二）卷十八，中华书局，1986年，第396页。
③ （宋）黎靖德：《朱子语类》（二）卷十八，中华书局，1986年，第392页。
④ （宋）黎靖德：《朱子语类》（二）卷十八，中华书局，1986年，第419页。
⑤ （宋）黎靖德：《朱子语类》（二）卷十八，中华书局，1986年，第392～393页。
⑥ （宋）黎靖德：《朱子语类》（二）卷十八，中华书局，1986年，第394页。

中，对吕氏仅仅"存心于一草木器用之间"进行了批评。稍后，朱熹又在《答陈齐仲》中重申了这一看法，指出：

> 格物之论，伊川意虽谓眼前无非是物，然其格之也亦须有缓急先后之序，岂遽以为存心于一草木器用之间而忽然悬悟也哉！且如今为此学而不穷天理、明人伦、讲圣言、通世故，乃兀然存心于一草木一器用之间，此是何学问！如此而望有所得，是炊沙而欲其成饭也。[①]

从字面上看，这段言论用"炊沙而欲其成饭"喻指"兀然存心于一草木一器用之间"而望有所得，似有轻视格自然界事物之嫌。其实并不然，理由有三：首先，在朱熹看来"眼前无非是物"，因此，格自然界事物与"穷天理、明人伦、讲圣言、通世故"，并没有轻重可言，只有"缓急先后之序"；其次，朱熹反对"兀然存心于一草木一器用之间"，只是反对仅仅用心去格自然界事物，而忽视"穷天理、明人伦、讲圣言、通世故"；再次，朱熹反对的是"兀然存心于一草木一器用之间"而望"忽然悬悟"，并没有反对运用"即物而穷其理"的功夫格自然界事物，循序渐进、不断积累，以求得豁然贯通。因此，朱熹反对"兀然存心于一草木一器用之间"而望"忽然悬悟"，根本没有否定格自然界事物。还需要指出的是，这只是朱熹早年的言论，在他后来的著述中，类似的言论几乎不复出现。随着朱熹格物致知说的成熟，尤其是晚年，朱熹越来越多地强调格自然界事物，更加重视自然研究。

三、自然研究"入于圣贤之域"

朱熹不仅把包括自然研究在内的格物与心性修养结合在一起，更为重要的是，在他那里，包括自然研究在内的格物本身就是心性修养的重

---

① （宋）朱熹：《晦庵先生朱文公文集》卷三十九《答陈齐仲》，四部丛刊初编。

要组成部分,是"入于圣贤之域"所不可或缺的重要环节。朱熹说:

> 《大学》物格、知至处,便是凡圣之关。物未格,知未至,如何杀也是凡人。须是物格、知至,方能循循不已,而入于圣贤之域。①

(一)格物旨在修身

事实上,在朱熹看来,《大学》"格物"、"致知"、"诚意"、"正心"是心性修养之事。他说:

> 物格者,物理之极处无不到也。知至者,吾心之所知无不尽也。知既尽,则意可得而实矣,意既实,则心可得而正矣。修身以上,明明德之事也。②

据《朱子语类》载:

> 问:"《大学》一书,皆以修身为本。正心、诚意、致知、格物,皆是修身内事。"曰:"此四者成就那修身。修身推出,做许多事。"③

在这里,朱熹把"格物"、"致知"看作与"诚意"、"正心"一样,均为"修身内事"。朱熹还说:

> 如格物、致知、诚意、正心、修身五者。皆"明明德"事。格物、致知,便是要知得分明;诚意、正心、修身,便是要行得分明。若是格物、致知有所未尽,便是知得这明德未分明;意未尽诚,便是这德有所未明;心有不正,则德有所未明;身有不修,则德有所未明。须是意不可有顷刻之不诚,心不可有顷刻之不正,身不可有顷刻之不修,这明德方常明。④

---

① (宋)黎靖德:《朱子语类》(一)卷十五,中华书局,1986年,第298页。
② (宋)朱熹:《四书章句集注·大学章句》,《朱子全书》第六册,上海古籍出版社等,2002年,第17页。
③ (宋)黎靖德:《朱子语类》(一)卷十四,中华书局,1986年,第252页。
④ (宋)黎靖德:《朱子语类》(一)卷十四,中华书局,1986年,第264页。

在这里，朱熹不仅把"格物"、"致知"看作与"诚意"、"正心"、"修身"一样，都属于"明明德"事，而且还认为，格物、致知是要"明德"——知得分明，诚意、正心、修身是要"明德"——行得分明；把格物、致知与诚意、正心、修身作了区分，并特别强调格物、致知对于诚意、正心、修身具有重要的作用。关于这一点，朱熹还说：

> 大学之道，虽以诚意正心为本，而必以格物致知为先。①

> 若不格物、致知，那个诚意、正心方是捺在这里，不是自然。若是格物、致知，便自然不用强捺。②

> 人莫不有知，但不能致其知耳。致其知者，自里面看出，推到无穷尽处；自外面看入来，推到无去处，方始得了，意方可诚。致知、格物是原头上工夫。③

在朱熹看来，修身以诚意正心为本，而要诚意正心，先要格物致知。因此，他还就格物致知对于诚意、正心、修身的作用作了具体阐述。朱熹《大学或问》在注释"欲正其心者，先诚其意。欲诚其意者，先致其知"时，指出："欲正心者，必先有以诚其意。若夫知则心之神明，妙众理而宰万物者也，人莫不有，而或不能使其表里洞然，无所不尽，则隐微之间，真妄错杂，虽欲勉强以诚之，亦不可得而诚矣。故欲诚意者，必先有以致其知……致知之道，在乎即事观理，以格夫物。"④《大学或问》还说：

> 大学之教，而必首之以格物致知之目，以开明其心术，使既有以识夫善恶之所在，与其可好、可恶之必然矣。至此而复进之以必诚其意之说焉。⑤

① （宋）朱熹：《晦庵先生朱文公文集》卷五十九《答曹元可》，四部丛刊初编。
② （宋）黎靖德：《朱子语类》（一）卷十五，中华书局，1986年，第294页。
③ （宋）黎靖德：《朱子语类》（一）卷十五，中华书局，1986年，第301页。
④ （宋）朱熹：《四书或问·大学或问上》，《朱子全书》第六册，上海古籍出版社等，2002年，第511～512页。
⑤ （宋）朱熹：《四书或问·大学或问下》，《朱子全书》第六册，上海古籍出版社等，2002年，第533页。

朱熹认为，只有通过格物致知，才能够获得"表里洞然无所不尽"的知识，从而能够"识夫善恶之所在"，并因而可以着实地发本心之好善而恶恶，进之以"诚意"、"正心"。

显然，在朱熹那里，格物是心性修养的重要组成部分，是心性修养的起点。就这一点而言，虽然格物并不仅仅只是格自然界事物，而且必须与心性修养结合在一起，甚至要以心性修养为根本。但是，把包括自然研究在内的格物看作是心性修养的重要组成部分，是心性修养的起点，这本身就提升了自然研究对于心性修养的价值。

（二）格物在于治国平天下

朱熹认为，《大学》自格物致知直至治国平天下是一个自内而推及于外的过程。他说："自格物至修身，自浅以及深；自齐家至平天下，自内以及外。"① 又说："外面事要推阐，故齐家而后治国、平天下；里面事要切己，故修身、正心，必先诚意。致知愈细密。"② 这里既讲"里面事"，讲"内"，又讲"外面事"，讲"外"，而且讲"自内以及外"，实际上表达了朱熹的"内圣外王"理念。

同时，朱熹又认为，无论"外面事"，或是"里面事"，格物致知是起点。他说：

> 格物、致知、诚意、正心、修身者，明明德之事也。齐家、治国、平天下者，新民之事也。格物、致知，所以求知至善之所在；自诚意以至于平天下，所以求得夫至善而止之也。③

> 致知、格物，是穷此理；诚意、正心、修身，是体此理；齐家、治国、平天下，只是推此理。④

---

① （宋）黎靖德：《朱子语类》（一）卷十五，中华书局，1986年，第312页。
② （宋）黎靖德：《朱子语类》（一）卷十五，中华书局，1986年，第309页。
③ （宋）朱熹：《四书或问·大学或问上》，《朱子全书》第六册，上海古籍出版社等，2002年，第511页。
④ （宋）黎靖德：《朱子语类》（一）卷十五，中华书局，1986年，第312页。

所以，在自内推及于外的过程中，朱熹特别强调格物致知。他说：

> 格物、致知，比治国、平天下，其事似小。然打不透，则
> 病痛却大，无进步处。治国、平天下，规模虽大，然这里纵有
> 未尽处，病痛却小。①

当然，朱熹还认为，治国、平天下并非只是从格物致知推出来，其本身也是一事。他说："物格、知至，是一截事；意诚、心正、身修是一截事；家齐、国治、天下平，又是一截事。自知至交诚意，又是一个过接关子；自修身交齐家，又是一个过接关子。"②所以，他又说："今当就其紧要实处着功夫。如何是致知、格物以至于治国、平天下，皆有节目，须要一一穷究着实，方是。"③还说："物格、知至后，其理虽明，到得后来齐家、治国、平天下，逐件事又自有许多节次，须逐件又徐徐做将去。"④

但重要的是，治国、平天下本身，虽然有许多事，但还是要从格物致知出发。他说：

> 《大学》论治国、平天下许多事，却归在格物上。凡事事
> 物物，各有一个道理。若能穷得道理，则施之事物，莫不各当
> 其位。⑤

在朱熹看来，不仅就《大学》自格物致知直至治国平天下而言，要从格物致知出发，即使就治国、平天下本身而言，也要从格物致知入手，才能穷得事物的道理，从而达到国治、天下平。

由此可见，在朱熹那里，格物致知不仅是心性修养的重要组成部分，是心性修养的起点，同时也是治国平天下、实现"内圣外王"的出发点。因此，朱熹把自然研究看作是格物的重要组成部分，实际上提升了自然研究对于"内圣外王"的价值，无疑是对自然研究的重视。

---

① ②（宋）黎靖德：《朱子语类》（一）卷十五，中华书局，1986年，第312页。
③（宋）黎靖德：《朱子语类》（一）卷十五，中华书局，1986年，第309页。
④（宋）黎靖德：《朱子语类》（二）卷十六，中华书局，1986年，第360页。
⑤（宋）黎靖德：《朱子语类》（七）卷一百一十九，中华书局，1986年，第2878页。

朱熹在讲述孔子所言"志于道，据于德，依于仁，游于艺"时，指出：

> 艺亦不可不去理会。如礼、乐、射、御、书、数，一件事理会不得，此心便觉滞碍。惟是一一去理会，这道理脉络方始一一流通，无那个滞碍。因此又却养得这个道理。以此知大则道无不包，小则道无不入。小大精粗，皆无渗漏，皆是做功夫处。①

"游于艺"一句，比上三句稍轻，然不可大段轻说。如上蔡云"有之不害为小人，无之不害为君子"，则是太轻了。古人于礼、乐、射、御、书、数等事，皆至理之所寓。游乎此，则心无所放，而日用之间本末具举，而内外交相养矣。②

在朱熹看来，包括自然知识在内的"六艺"，虽然小，但与"道"、"德"、"仁"一样，"皆至理之所寓"，不可不去理会。他还明确指出："名物度数，皆有至理存焉，又皆人所日用而不可无者。游心于此，则可以尽乎物理，周于世用。"③因此，只有通过"志于道，据于德，依于仁，游于艺"的功夫，"本末兼该，内外交养，日用之间，无少间隙"，才能"涵泳从容，忽不自知其入于圣贤之域"。④可见，在朱熹的思想中，包括格自然界事物在内的格物，已经成为"入于圣贤之域"所必不可少的基本功夫。

---

①②（宋）黎靖德：《朱子语类》（三）卷三十四，中华书局，1986年，第866页。

③（宋）朱熹：《四书或问·论语或问》，《朱子全书》第六册，上海古籍出版社等，2002年，第741页。

④（宋）朱熹：《四书章句集注·论语集注》，《朱子全书》第六册，上海古籍出版社等，2002年，第122页。

第三章

自然研究的途径与方法

朱熹不仅提出格物致知说，要求即凡天下之物而穷其理，包括格自然界事物，体现出对于自然研究的重视，而且身体力行，积极从事自然探索。他的自然研究的途径与方法，大致可以概括为四个方面：其一，深入观察自然；其二，阐发前人成果；其三，勇于大胆怀疑；其四，运用类比推理。

一、深入观察自然

英国科学史家李约瑟曾在题为《雪花晶体的最早观察》一文中明确指出："朱熹是一位深入观察各种自然现象的人。"[①]并且还以他在《中国科学技术史》中所引述朱熹的两段言论作为脚注。其一，据《朱子语类》卷一载："天地始初混沌未分时，想只有水火二者。水之滓脚便成地。今登高而望，群山皆为波浪之状，便是水泛如此。只不知因甚么事凝了。初间极软，后方凝得硬。"问："想得如潮水涌起沙相似？"曰："然。水之极浊便成地，火之极清便成风霆雷电日星之属。"其二，据《朱子语类》卷九十四载："小者大之影，只昼夜便可见。五峰（胡宏）所谓'一气大息，震荡无垠，海宇变动，山勃川湮，人物消尽，旧迹大灭，是谓洪荒之世'。常见高山有螺蚌壳，或生石中，此石即旧日之土，螺蚌即水中之物，下者却变而为高，柔者变而为刚。此事思之至深，有可验者。"在《雪花晶体的最早观察》中，李约瑟还引述朱熹的另外两段言论。其一，据《朱子语类》卷六十五载：

[①]（英）李约瑟：《雪花晶体的最早观察》，《李约瑟文集》，辽宁科学技术出版社，1986年，第521页。

"水数六,雪花便六出。"其二,据《朱子语类》卷一载:"雪花所以必六出者,盖只是霰下,被猛风拍开,故成六出。如人掷一团烂泥于地,泥必溃开成棱瓣也。又,六者阴数,大阴玄精石亦六棱,盖天地自然之数。"

除了以上李约瑟为说明"朱熹是一位深入观察各种自然现象的人"所引述朱熹的那些言论之外,还有许多文献资料表明,朱熹对天文观测非常感兴趣。如前所述,他曾要其弟子林用中测量日影,以比较不同地区夏至日日影的长短;又通过对"极星出地之度"的观测,试图对不同地区所测北极星的高度做出比较。由于要进行天文观测,朱熹非常强调要有观测仪器。他认为,要研究历法,就必须使用天文仪器进行实际的天文观测,如果没有天文仪器,"殆亦难尽究也"[1]。后来,他还说:"历是书,象是器。无历,则无以知三辰(日、月、星)之所在;无玑衡,则无以见三辰之所在。"[2]并且认为,要说明宇宙结构是盖天或是浑天,取决于能否做成个类似的天文仪器,指出:"有能说盖天者,欲令作一盖天仪,不知可否。或云似伞样。如此,则四旁须有漏风处,故不若浑天之可为仪也。"[3]如前所述,他曾深入研读苏颂的《新仪象法要》,试图了解其中有关水运仪象台以及浑仪的制作技术;而且,他家确有浑仪。据《宋史·天文志》记载:"朱熹家有浑仪,颇考水运制度。"[4]另据《朱子语类》载,朱熹说:"天转,也非东而西,也非循环磨转,却是侧转。"有弟子言:"楼上浑仪可见。"朱熹曰:"是。"[5]此外,朱熹还对浑仪的结构作了详细的描述,并设想了一种人可以进入其中观看天象的庞大的假天仪。他晚年还希望制作一个小浑象,以弄清其结构。

① (宋)朱熹:《晦庵先生朱文公文集·续集》卷二《答蔡季通》(六),四部丛刊初编。
② (宋)黎靖德:《朱子语类》(五)卷七十八,中华书局,1986年,第1991页。
③ (宋)黎靖德:《朱子语类》(一)卷二,中华书局,1986年,第27页。
④ (元)脱脱等:《宋史》(四)卷四十八《天文志一》,中华书局,1977年,第966页。
⑤ (宋)黎靖德:《朱子语类》(二)卷二十三,中华书局,1986年,第535页。

朱熹不仅重视天文观测，而且还对气象观测感兴趣，并对风、霜、雪、雷等天气现象的形成作了解释。他认为，"风只如天相似，不住旋转"，"霜只是露结成，雪只是雨结成"；又认为，"高山无霜露，却有雪"的原因在于"上面气渐清，风渐紧，虽微有雾气，都吹散了，所以不结。若雪，则只是雨遇寒而凝，故高寒处雪先结也"；还认为，雷"是气聚而成"。[①] 显然，这些解释是在对天气现象的实际观察基础上所做出的。

朱熹非常重视地图的作用。他曾对地图的制作要求提出了自己的看法，指出：

> 要作地理图三个样子：一写州名，一写县名，一写山川名。仍作图时，须用逐州正斜、长短、阔狭如其地形，糊纸叶子以剪。[②]

如前所述，他还曾吩咐好友仿制黄裳的木刻地图，后来还亲手用胶泥制作了地图。

在对古代地理学著作《禹贡》的研究方面，朱熹认为，研读《禹贡》必须以当今实际的地理为依据。他说：

> 《禹贡》地理，不须大段用心，以今山川都不同了。理会《禹贡》，不如理会如今地理。如《禹贡》济水，今皆变尽了。又江水无沲，又不至澧。九江亦无寻处。后人只白捉江州。又上数千里不说一句，及到江州，数千里间，连说数处，此皆不可晓者。[③]

同时，他还指出，《禹贡》中的一些叙述与实际地理"殊不相应"，而后世著书者"多是臆度，未必身到足历，故其说亦难尽据，未必如今目见之亲切著明耳"。[④]

---

① （宋）黎靖德：《朱子语类》（一）卷二，中华书局，1986年，第23～24页。
② （宋）黎靖德：《朱子语类》（一）卷二，中华书局，1986年，第30页。
③ （宋）黎靖德：《朱子语类》（五）卷七十九，中华书局，1986年，第2025页。
④ （宋）朱熹：《晦庵先生朱文公文集》卷三十七《答程泰之》（二），四部丛刊初编。

除了天文、地理，朱熹对其他各种自然现象也颇有兴趣，并时常予以细心观察。据《朱子语类》载，有道人云：“笋生可以观夜气。尝插竿以记之，自早至暮，长不分寸；晓而视之，已数寸矣。”朱熹则认为，这种说法需要验证；于是，“在玉山僧舍验之”，发现竹笋“日夜俱长”，完全不像那道人所说。①

由此可见，李约瑟赞赏朱熹对于自然现象的深入观察，称“朱熹是一位深入观察各种自然现象的人”，确属名副其实，并非过誉之辞。

二、阐发前人成果

朱熹的自然研究，除了对各种自然现象的观察之外，在很大程度上是通过研读前人的科学著作，对其中的科学思想予以阐发而展开的。他除了深入研读过北宋天文学家苏颂的《新仪象法要》，还研读过古代医学经典《黄帝内经》，认为“《素问》语言深，《灵枢》语言浅，较易”；②对于《素问》中所载“黄帝曰：‘地有凭乎？’岐伯曰：‘火气乘之’”，他认为，这是“说那气浮得那地起来”，并且还指出：“这也说得好。”③同时，他还读过汉代科学家张衡的《灵宪》，曾引《灵宪》曰：“星也者，体生于地，精成于天，列居错峙，各有攸属。”并且指出：“此言皆得之矣。”④北宋理学家邵雍所撰《皇极经世书》对自然界事物有过深入的阐述，对此，朱熹作了进一步的研究。他还说：“康节之言（天地自相依附之说），大体固如是矣。然历家之说，亦须考之，方见其细密处，如《礼记·月令疏》及晋《天文志》皆

---

① （宋）黎靖德：《朱子语类》（八）卷一百三十八，中华书局，1986年，第3288页。
② （宋）黎靖德：《朱子语类》（八）卷一百三十八，中华书局，1986年，第3278页。
③ （宋）黎靖德：《朱子语类》（六）卷九十四，中华书局，1986年，第2377页。
④ （宋）朱熹：《楚辞集注》卷三《天问》，《朱子全书》第十九册，上海古籍出版社等，2002年，第67页。

不可不读也。"① 为此，他还研读过历代《天文志》。他曾说："《前汉·历志》说道理处少，不及《东汉志》较详。"② 在与林用中讨论《程氏遗书》关于"天地之中"的看法时，他认为还要"以《周礼》、唐《天文志》系之为佳"。③ 对于张载（字子厚，学者称横渠先生）所撰《正蒙》，朱熹更是大量吸取其中的科学思想，指出："横渠曰：'天左旋，处其中者顺之，少迟则反右矣。'此说最好。"④ "横渠《正蒙》论风雷云雨之说最分晓。"⑤ 至于儒家经典中的科学著作《夏小正》《月令》《尧典》等，他甚至还为之传注。当然，他最重视的科学著作，还是沈括的《梦溪笔谈》。

沈括（字存中）是北宋著名科学家，被看作是"中国整部科学史中最卓越的人物"；⑥ 他的《梦溪笔谈》在科学的诸多领域均有建树，被称为"中国科学史的里程碑"。⑦ 关于朱熹对于沈括《梦溪笔谈》的研究，胡道静曾撰《朱子对沈括科学学说的钻研与发展》一文，其中说道："在《笔谈》成书以后的整个北宋到南宋的时期，朱子是最最重视沈括著作的科学价值的唯一的学者，他是宋代学者中最熟悉《笔谈》内容并能对其科学观点有所阐发的一人。"⑧

朱熹在讲学以及著述中对《梦溪笔谈》多有引述。早在乾道九年（1173年），朱熹在《答余蕘孙》中与其弟子余范（字蕘孙）讨论《周礼》时，对于大司乐"祀天神、地祇、人鬼独用宫、角、徵、羽而不及商"作了回答，指出："五声盖总言之，其用则不及商也。沈存中《笔

① （宋）朱熹：《晦庵先生朱文公文集》卷六十二《答李敬子（燔）、余国秀》，四部丛刊初编。
② （宋）黎靖德：《朱子语类》（一）卷二，中华书局，1986年，第14页。
③ （宋）朱熹：《晦庵先生朱文公文集》卷四十三《答林择之》（四），四部丛刊初编。
④ （宋）黎靖德：《朱子语类》（一）卷二，中华书局，1986年，第13页。
⑤ （宋）黎靖德：《朱子语类》（一）卷二，中华书局，1986年，第23页。
⑥ （英）李约瑟：《中国科学技术史》第一卷《总论》，科学出版社，1975年，第289页。
⑦ （英）李约瑟：《中国科学技术史》第一卷《总论》，科学出版社，1975年，第290页。
⑧ 胡道静：《朱子对沈括科学学说的钻研与发展》，《朱熹与中国文化》，学林出版社，1989年，第40页。

谈》亦有说，然此等今无所考，未须深究。感有浅深，古注之说已详，然今亦未睹其实也。"①关于沈括的说法，见《梦溪笔谈》卷五《乐律一》："所以不用商者，商，中声也。宫生徵，徵生商，商生羽，羽生角，故商为中声。降兴上下之神，虚其中声、人声也。遗乎人声，所以致一于鬼神也。宗庙之乐，宫为之先，其次角，又次徵，又次羽。宫、角、徵、羽相次者，人乐之叙也，故以之求人鬼。"②

至于《梦溪笔谈》中有关科技方面的论述，朱熹作了较多的引述和阐发。就现存的文献看，这类的引述多达10余处。

沈括在《梦溪笔谈》卷七《象数一》解释日月的形状以及月亮的盈亏时指出："日月之形如丸。何以知之？以月盈亏可验也。月本无光，犹银丸，日耀之乃光耳。光之初生，日在其傍，故光侧而所见才如钩；日渐远，则斜照而光稍满。如一弹丸，以粉涂其半，侧视之，则粉处如钩；对视之，则正圆。此有以知其如丸也。"③认为月亮的盈亏只是日月相对位置的变化所致。对于沈括的这一说法，朱熹非常赞同，并多有引述：

如前所述，淳熙元年（1174年），朱熹在《答吕子约》中与吕祖俭讨论过日月食问题。对于吕祖俭所说："窃尝观之，日月亏食，随所食分数，则光没而魄存，则是魄常在而光有聚散也。所谓魄者在天，岂有形质邪？或乃气之所聚而所谓终古不易者邪？"朱熹答道："日月之说，沈存中《笔谈》中说得好。日食时亦非光散，但为物掩耳。若论其实，须以终古不易者为体，但其光气常新耳。然亦非但一日一个，盖顷刻不停也。"④

《朱子语类》卷二载朱熹说："月体常圆无阙，但常受日光为明。初三四是日在下照，月在西边明，人在这边望，只见在弦光。十五六则

---

①（宋）朱熹：《晦庵先生朱文公文集》卷六十《答余彝孙》，四部丛刊初编。
②（宋）沈括：《梦溪笔谈》卷五《乐律一》，胡道静：《梦溪笔谈校正》（上），上海古籍出版社，1987年，第214页。
③（宋）沈括：《梦溪笔谈》卷七《象数一》，胡道静：《梦溪笔谈校正》（上），上海古籍出版社，1987年，第309页。
④（宋）朱熹：《晦庵先生朱文公文集》卷四十七《答吕子约》（九），四部丛刊初编。

日在地下，其光由地四边而射出，月被其光而明。月中是地影。月，古今人皆言有阙，惟沈存中云无阙。"[1]

《朱子语类》卷七十九载朱熹说："月受日之光常全，人在下望之，却见侧边了，故见其盈亏不同……《笔谈》云，月形如弹圆，其受光如粉涂一半；月去日近则光露一眉，渐远则光渐大。"[2]

此外，朱熹《楚辞集注》卷三《天问》注"夜光何德，死则又育？厥利维何，而顾菟在腹"曰："历象旧说，月朔则去日渐远，故魄死而明生。既望则去日渐近，故魄生而明死。至晦而朔，则又远日而明复生，所谓死而复育也。此说误矣……唯近世沈括之说乃为得之。"[3]接着还引上述沈括《梦溪笔谈》所说。

沈括在《梦溪笔谈》卷七《象数一》中记载：他曾"以玑衡求极星。初夜在窥管中，少时复出，以此知窥管小，不能容极星游转，乃稍稍展窥管候之。凡历三月，极星方游于窥管之内，常见不隐，然后知天极不动处，远极星犹三度有余"。[4]

按照沈括的方法，朱熹也对北极星作了观测。《朱子语类》卷二十三载朱熹说："所谓以其所建周于十二辰者，自是北斗。《史记》载北极有五星，太一常居中，是极星也。辰非星，只是星中间界分。其极星亦微动，惟辰不动，乃天之中，犹磨之心也。沈存中谓始以管窥，其极星不入管，后旋大其管，方见极星在管弦上转。"[5]

另据《朱子语类》卷二十三记载：义刚问："极星动不动？"朱熹曰："极星也动。只是它近那辰后，虽动而不觉。如那射糖盘子样，那北辰便是中心桩子。极星便是近桩底点了，虽也随那盘子转，却近那桩

① （宋）黎靖德：《朱子语类》（一）卷二，中华书局，1986年，第19页。
② （宋）黎靖德：《朱子语类》（五）卷七十九，中华书局，1986年，第2055页。
③ （宋）朱熹：《楚辞集注》卷三《天问》，《朱子全书》第十九册，上海古籍出版社等，2002年，第68页。
④ （宋）沈括：《梦溪笔谈》卷七《象数一》，胡道静：《梦溪笔谈校正》（上），上海古籍出版社，1987年，第296页。
⑤ （宋）黎靖德：《朱子语类》（二）卷二十三，中华书局，1986年，第536页。

子，转得不觉。今人以管去窥那极星，见其动来动去，只在管里面，不动出去。"①显然，朱熹是运用沈括观测北极星的方法向弟子讲述"极星也动"。

沈括在《梦溪笔谈》卷二十四《杂志一》中说："予奉使河北，遵太行而北。山崖之间，往往衔螺蚌壳及石子如鸟卵者，横亘石壁如带。此乃昔之海滨，今距东海已近千里。所谓大陆者，皆浊泥所湮耳。"②对此，朱熹也作了发挥。

《朱子语类》卷九十四载朱熹说："常见高山有螺蚌壳，或生石中，此石即旧日之土，螺蚌即水中之物。下者却变而为高，柔者变而为刚，此事思之至深，有可验者。"③"今高山上多有石上蛎壳之类，是低处成高。又蛎须生于泥沙中，今乃在石上，则是柔化为刚。天地变迁，何常之有？"④另有《朱子语类》卷一载朱熹说："今登高而望，群山皆为波浪之状，便是水泛如此。"⑤显然，这是对上引沈括《梦溪笔谈》之说的引申。

除此之外，《朱子语类》卷二载朱熹说："潮之迟速大小自有常。旧见明州人说，月加子午则潮长，自有此理。沈存中《笔谈》说亦如此"；"陆子静（陆九渊）谓潮是子午月长，沈存中《续笔谈》之说亦如此，谓月在地子午之方，初一卯，十五酉。"⑥朱熹《中庸章句》注"人道敏政，地道敏树。夫政也者，蒲卢也"时指出："蒲卢，沈括以为蒲苇，是也。以人立政，犹以地种树，其成速矣。而蒲苇又易生之物，其成尤速也。言人存政举，其易如此。"⑦如前所述，朱熹在《答

---

① （宋）黎靖德：《朱子语类》（二）卷二十三，中华书局，1986年，第535页。

② （宋）沈括：《梦溪笔谈》卷二十四《杂志一》，胡道静：《梦溪笔谈校正》（下），上海古籍出版社，1987年，第756页。

③ （宋）黎靖德：《朱子语类》（六）卷九十四，中华书局，1986年，第2367页。

④ （宋）黎靖德：《朱子语类》（六）卷九十四，中华书局，1986年，第2369页。

⑤ （宋）黎靖德：《朱子语类》（一）卷一，中华书局，1986年，第7页。

⑥ （宋）黎靖德：《朱子语类》（一）卷二，中华书局，1986年，第28页。

⑦ （宋）朱熹：《四书章句集注·中庸章句》，《朱子全书》第六册，上海古籍出版社等，2002年，第44页。

廖子晦》中与其弟子廖德明讨论日月运行轨道以及日月食问题时，廖德明也引述了沈括所言，其中说道："天有黄、赤二道，沈存中云'非天实有之，特历家设色以记日月之行耳'……"①

当然，对于沈括《梦溪笔谈》中的某些论述，朱熹也提出了自己的不同看法。比如《朱文公文集》卷七十一《偶读谩记》，对沈括《梦溪笔谈》卷二十四《杂志一》引李翱《来南录》"自淮沿流，至于高邮，乃泝于江"，并且认为，"淮、泗入江乃禹之旧迹，故道宛然，但今江、淮已深，不能至高邮耳"，朱熹指出："此说甚似，其实非也。"②但是从总体上看，朱熹对于《梦溪笔谈》中有关科技方面的论述较多的是肯定和汲取，或进一步地阐发。

在朱熹的自然研究中，深入研读前人的科学著作，阐发前人的科学成果，是非常重要的方面。这与他把读书看作格物致知的重要途径，强调"穷理之要必在于读书"③，不无关系。

三、勇于怀疑旧说

沈括之所以成为"中国整部科学史中最卓越的人物"，不仅由于他取得了诸多的科学成就，而且还在于他具有强烈的科学怀疑精神。比如，对于古历法中的置闰之法，沈括说："置闰之法，自尧时始有。太古以前，又未知如何？置闰之法，先圣王所遗，固不当议。然事固有古人所未至而俟后世者，如'岁差'之类，方出丁近世，此固无古今之嫌也。"④沈括认为，古人并非全知全能，其所未弄清的事还需待后人。

---

① （宋）朱熹：《晦庵先生朱文公文集》卷四十五《答廖子晦》（十四），四部丛刊初编。
② （宋）朱熹：《晦庵先生朱文公文集》卷七十一《偶读谩记》，四部丛刊初编。
③ （宋）朱熹：《晦庵先生朱文公文集》卷十二《行宫便殿奏札二》，四部丛刊初编。
④ （宋）沈括：《补笔谈》卷二《象数》，胡道静：《梦溪笔谈校正》（下），上海古籍出版社，1987年，第932～933页。

这充分体现出他的科学怀疑精神。朱熹接受沈括诸多方面的科学思想，因而不可能不受到他的科学怀疑精神的影响。

朱熹重视读书，他说："大学之道，必以格物致知为先，而于天下之理、天下之书无不博学、审问、谨思、明辨，以求造其义理之极。"①他还撰《读书之要》，强调读书应当"循序而渐进，熟读而精思"。②需要指出的是，朱熹特别强调读书要有"疑"，指出：

> 书始读，未知有疑，其次渐有疑，又其次节节有疑，过了此一番后，疑渐渐释，以至融会贯通，都无可疑，方始是学。③

在朱熹看来，读书有"疑"才是学的开始。他又说：

> 读书无疑者，须教有疑；有疑者，却要无疑，到这里方是长进。④

> 读书无长进，缘不会疑。某虽看至没紧要底物事，亦须致疑。才疑，便须理会得彻头。⑤

> 学者不可只管守从前所见，须除了，方见新意。⑥

他还说："今世上有一般议论，成就后生懒惰。如云不敢轻议前辈、不敢妄立论之类，皆中怠惰者之意。前辈固不敢妄议，然论其行事之是非，何害？固不可凿空立论，然读书有疑，有所见，自不容不立论。其不立论者，只是读书不到疑处耳。"⑦显然，对于前人的著述和思想，朱熹具有勇于怀疑的精神。

① （宋）朱熹：《晦庵先生朱文公文集》卷六十《答曾无疑》（五），四部丛刊初编。
② （宋）朱熹：《晦庵先生朱文公文集》卷七十四《读书之要》，四部丛刊初编。
③ （宋）朱熹、吕祖谦：《近思录》卷三，叶采《集解》引朱熹曰，文渊阁四库全书。另张洪、齐𤏙《朱子读书法》卷一《熟读精思》引朱熹曰："读书始读，未知有疑，其次则渐渐有疑，中则节节是疑。过了这一番，疑渐渐释，以至融贯全通，都无可疑，方始是学。"[（宋）张洪、齐𤏙《朱子读书法》卷一《熟读精思》，文渊阁四库全书]
④ （宋）黎靖德：《朱子语类》（一）卷十一，中华书局，1986年，第186页。
⑤ （宋）黎靖德：《朱子语类》（七）卷一百二十一，中华书局，1986年，第2931页。
⑥ （宋）黎靖德：《朱子语类》（一）卷十一，中华书局，1986年，第186页。
⑦ （宋）黎靖德：《朱子语类》（一）卷十一，中华书局，1986年，第190页。

在自然研究上。朱熹一方面重视前人的著作，另一方面，对于前人的思想，并非盲目接受，而是经过深入分析，吸取正确的思想，对于不正确的东西，则给予否定。

关于天与日月五星的运行方向，汉唐有不少历家持天道左旋、日月五星右转的观点。北宋张载则提出日月五星顺天左旋，"稍迟则反移徙而右尔"①。朱熹非常赞同张载的观点，并以此批评以往的说法，明确指出："历家言天左旋，日月星辰右行，非也。其实天左旋，日月星辰亦皆左旋。"②据《朱子语类》记载，问天道左旋，日月星辰右转。朱熹说："自疏家有此说，人皆守定。某看天上日月星不曾右转，只是随天转。天行健，这个物事极是转得速。且如今日日与月星都在这度上，明日旋一转，天却过了一度；日迟些，便欠了一度；月又迟些，又欠了十三度。"③在这里，朱熹以自己对天文的亲身观测和解释，批评以往历家的看法。

朱熹对儒家经典《尚书·禹贡》有过深入的研读，对其中所述地理学以及后世学者的研究多有批评。他认为，《禹贡》是大禹治水之后仅仅依据治水的经历编撰而成的，所以"余处亦不大段用功夫"④。他还通过实地考察认为，《禹贡》本文"自有谬误处"，其中对有些地方的地理描述与实际"全然不合"，"盖禹当时只治得雍、冀数州为详，南方诸水皆不亲见，恐只是得之传闻，故多遗阙，又差误如此"⑤。又说："禹治水时，想亦不曾遍历天下……故今《禹贡》所载南方山川，多与今地面上所有不同。"⑥与此同时，他还说："古今读者皆以为是既出于圣人之手，则固不容复有讹谬，万世之下，但当尊信诵习，传之无穷，亦无以核其事实是否为也。是以为之说者，不过随文解义，以就

---

① （宋）张载：《正蒙·参两篇》，《张载集》，中华书局，1978年，第11页。
② （宋）黎靖德：《朱子语类》（一）卷二，中华书局，1986年，第17页。
③ （宋）黎靖德：《朱子语类》（一）卷二，中华书局，1986年，第14～15页。
④ （宋）黎靖德：《朱子语类》（五）卷七十九，中华书局，1986年，第2023页。
⑤ （宋）黎靖德：《朱子语类》（五）卷七十九，中华书局，1986年，第2026页。
⑥ （宋）黎靖德：《朱子语类》（五）卷七十九，中华书局，1986年，第2027页。

章句。……如是而言，姑为诵说则可矣，若以山川形势之实考之，吾恐其说有所不通，而不能使人无所疑也。"①朱熹对于《禹贡》以及后世学者的评述，充分体现出他不以经典之是非为是非的怀疑精神。

程颐曾说："极为天地中，是也，然论地中尽有说。据测景，以三万里为中，若有穷然。有至一边已及一万五千里，而天地之运盖如初也。然则中者，亦时中耳。地形有高下，无适而不为中，故其中不可定下。"②朱熹并不赞同程颐的说法，指出："日月升降三万里中，谓夏至谓冬至，其间黄道相去三万里。夏至黄道高，冬至黄道低。伊川误认作东西相去之数。形器之物，虽天地之大，亦有一定中处。伊川谓'天地无适而非中'，非是。"③

关于霜与露的异同，程颐曾说："霜与露不同。霜，金气，星月之气。露亦星月之气。看感得甚气即为露，甚气即为霜。如言露结为霜，非也。"④对于程颐的这些说法，朱熹也不赞同，指出："霜只是露结成，雪只是雨结成。古人说露是星月之气，不然。今高山顶上虽晴亦无露。露只是自下蒸上。人言极西高山上亦无雨雪。"⑤

朱熹尊奉二程的学术思想，同时也吸取了不少二程有关自然的思想，但是，又并非盲目地全盘接受。朱熹对其某些观点的质疑，充分体现了他对于前人学术思想的大胆怀疑精神。

当然，科学的怀疑精神是以深入的科学研究为基础的。由于科学水平的局限，朱熹有时也会拘泥于前人的说法而盲目遵从。比如，对于所谓"龙行雨"之说，朱熹指出："龙，水物也。其出而与阳气交蒸，故能成雨。但寻常雨自是阴阳气蒸郁而成，非必龙之为也。'密云不雨，

① （宋）朱熹：《晦庵先生朱文公文集》卷七十二《九江彭蠡辨》，四部丛刊初编。
② （宋）程颢、程颐：《河南程氏遗书》卷二上，《二程集》（第一册），中华书局，1981年，第35页。
③ （宋）黎靖德：《朱子语类》（一）卷二，中华书局，1986年，第18～19页。
④ （宋）程颢、程颐：《河南程氏遗书》卷十八，《二程集》（第一册），中华书局，1981年，第238页。
⑤ （宋）黎靖德：《朱子语类》（一）卷二，中华书局，1986年，第23页。

尚往也'，盖止是下气上升，所以未能雨。必是上气蔽盖无发泄处，方能有雨。"[1]朱熹虽然认为"寻常雨自是阴阳气蒸郁而成"，但又认为龙与阳气"交蒸"可以成雨，这显然有盲目遵从前人说法之嫌。

据《河南程氏遗书》载，程颐说："蜥蜴含水，随雨雹起。"张载说："未必然，雹尽有大者，岂尽蜥蜴所致也？今以蜥蜴求雨，枉求他，他又何道致雨？"[2]对于程颐所说，朱熹说："看来亦有之。只谓之全是蜥蜴做，则不可耳。自有是上面结做成底，也有是蜥蜴做底。"[3]认为雹既有天上结成的，也有蜥蜴吐出来的。他还说："某少见十九伯说亲见如此。记在别录。十九伯诚确人，语必不妄。又，此间王三哥之祖参议者云，尝登五台山，山极高寒，盛夏携绵被去。寺僧曰：'官人带被来少。'王甚怪之。寺僧又为借得三两条与之。中夜之间寒甚，拥数床绵被，犹不暖。盖山顶皆蜥蜴含水，吐之为雹。少间，风雨大作，所吐之雹皆不见。明日下山，则见人言，昨夜雹大作。问，皆如寺中所见者。又，《夷坚志》中载刘法师者，后居隆兴府西山修道。山多蜥蜴，皆如手臂大。与之饼饵，皆食。一日，忽领无限蜥蜴入庵，井中之水皆为饮尽。饮干，即吐为雹。已而风雨大作，所吐之雹皆不见。明日下山，则人言所下之雹皆如蜥蜴所吐者。蜥蜴形状亦如龙，是阴属。是这气相感应，使作得他如此。正是阴阳交争之时，所以下雹时必寒。今雹之两头皆尖，有棱道。疑得初间圆，上面阴阳交争，打得如此碎了。'雹'字从'雨'，从'包'，是这气包住，所以为雹也。"[4]在这里，朱熹依据传言和《夷坚志》中的说法并贯之于阴阳之说，以证明雹"也有是蜥蜴做底"，这显然是由于盲目遵从程颐之说而导致的错误。

---

① （宋）黎靖德：《朱子语类》（一）卷二，中华书局，1986年，第23页。
② （宋）程颢、程颐：《河南程氏遗书》卷十，《二程集》（第一册），中华书局，1981年，第112页。
③ （宋）黎靖德：《朱子语类》（一）卷二，中华书局，1986年，第24页。
④ （宋）黎靖德：《朱子语类》（一）卷二，中华书局，1986年，第24～25页。

四、运用类比推理

朱熹讲格物致知，不仅要求"即凡天下之物"，而且还讲求"推类"，所谓"推类以尽其余"。[1]他说：

> 欲识其义理之精微，则固当以穷尽天下之理为期。但至于久熟而贯通焉，则不待一一穷之，而天下之理固已无一毫之不尽矣。举一而三反，闻一而知十，乃学者用功之深、穷理之熟，然后能融会贯通，以至于此。[2]

他还说："苟不推类以通之，则亦何以尽天下之理哉！"[3]朱熹所谓的"推类"，又称"以类而推"，也就是"就近推将去"，"从已理会得处推将去"。换言之，就是从近旁的、已经理解的东西中逐步推向远处、推向未知的东西，实际上也就是类比推理。朱熹非常重视类比推理，认为只有通过不断地类比推理，才能实现"即物而穷其理"，并进而达到对于事物的豁然贯通。

在自然研究上，朱熹也非常注重运用类比推理，以解释自然现象，深化对自然知识的理解。比如在论述宇宙演化时，朱熹曰："造化之运如磨，上面常转而不止。万物之生，似磨中撒出，有粗有细，自是不齐。"[4]这里用日常生活中的磨盘磨面来类比宇宙造化万物的过程。他还说："昼夜运而无息者，便是阴阳之两端；其四边散出纷扰者，便是游气，以生人物之万殊。某常言，正如面磨相似，其四边只管层层撒出。正如天地之气，运转无已，只管层层生出人物；其中有粗有细，故人物有偏有正，有精有粗。"[5]在朱熹看来，宇宙中的万物以及人都是

---

[1]（宋）朱熹：《四书章句集注·大学章句》，《朱子全书》第六册，上海古籍出版社等，2002年，第19页。

[2]（宋）朱熹：《晦庵先生朱文公文集》卷五十二《答姜叔权》（一），四部丛刊初编。

[3]（宋）朱熹：《四书或问·大学或问上》，《朱子全书》第六册，上海古籍出版社等，2002年，第520页。

[4]（宋）黎靖德：《朱子语类》（一）卷一，中华书局，1986年，第8页。

[5]（宋）黎靖德：《朱子语类》（七）卷九十八，中华书局，1986年，第2507页。

由阴阳二气像磨盘磨面那样慢慢磨出来的，面有粗细不同，人和物亦各有不同。

在论及天体结构时，朱熹为了说明大地之所以能够悬空在宇宙之中，用"气"作类比。他认为，由于宇宙中的"气"把地紧束着，才使得地不至于下坠；同时，又由于天空中的"气"比较宽松，才容得日月的往来。他说："天包乎地，其气极紧，试登极高处验之，可见形气相催，紧束而成体。但中间气稍宽，所以容得许多品物。"① 而且，朱熹又认为，大地之所以不下坠，还与天体的不停运动有直接关系。他用类比方法举例说："天地之形，如人以两碗相合，贮水于内。以手常常掉开，则水在内不出；稍住手，则水漏矣。"②

如前所述，朱熹曾采用沈括"月形如弹圆"的类比解释月亮盈亏变化的原因。在讨论日月处在同一度时为什么不一定会发生日月食时，朱熹说：

> 日之南北虽不同，然皆随黄道而行耳。月道虽不同，然亦常随黄道而出其旁耳。其合朔时，日月同在一度；其望日，则日月极远而相对；其上下弦，则日月近一而远三。如日在午，则月或在卯，或在酉之类是也。故合朔之时，日月之东西虽同在一度，而月道之南北或差远，于日则不蚀。或南北虽亦相近，而日在内，月在外，则不蚀。此正如一人秉烛，一人执扇，相交而过。一人自内观之，其两人相去差远，则虽扇在内，烛在外，而扇不能掩烛。或秉烛者在内，而执扇在外，则虽近而扇亦不能掩烛。以此推之，大略可见。③

这里用烛和扇类比日和月，通过烛和扇的位置变化，以说明日月处在同一度时不一定会发生日月食。

除了天文学的研究，朱熹在对其他许多自然现象的研究中，都广

---

① （宋）黎靖德：《朱子语类》（一）卷二，中华书局，1986年，第18页。
② （宋）黎靖德：《朱子语类》（一）卷一，中华书局，1986年，第8页。
③ （宋）朱熹：《晦庵先生朱文公文集》卷四十五《答廖子晦》（十四），四部丛刊初编。

泛地运用了直观的类比推理。比如，在论及雨的形成时，朱熹用蒸饭的炊具作类比，指出："凡雨者，皆是阴气盛，凝结得密，方湿润下降为雨。且如饭甑，盖得密了，气郁不通，四畔方有温汗。"[①] 又说："气蒸而为雨，如饭甑盖之，其气蒸郁而汗下淋漓；气蒸而为雾，如饭甑不盖，其气散而不收。"[②] 又比如，在解释雷的形成时，他既讲雷"是气聚而成"，同时又用炮仗作类比，指出："雷如今之爆杖，盖郁积之极而迸散者也。"[③] 在解释雪花为什么呈现六角形时，他用掷烂泥于地作类比，指出：雪花之所以为六角形，那是由于雪从天而降时，"被猛风拍开，故成六出。如人掷一团烂泥于地，泥必溅开成棱瓣也"[④]。据《朱子语类》载，问："先生前日言水随山行，何以验之？"朱熹曰："外面底水在山下行，中间底水在脊上行。"因以指为喻，曰："外面底水在指缝中行，中间底水在指头上行。"[⑤]

关于生物的起源，朱熹说："生物之初，阴阳之精，自凝结成两个，后来方渐渐生去。万物皆然。如牛羊草木，皆有牝牡，一为阳，一为阴。万物有生之初，亦各自有两个。"[⑥] 又说："天地之初，如何讨个人种？自是气蒸结成两个人后，方生许多万物……当初若无那两个人，如今如何有许多人？那两个人便如而今人身上虱，是自然变化出来。"[⑦]

在解释佛光时，朱熹说："俗言佛灯，此是气盛而有光，又恐是宝气，又恐是腐叶飞虫之光。蔡季通去庐山问得，云是腐叶之光。云，昔人有以合子合得一团光，来日看之，乃一腐叶。妙喜在某处见光，令人扑之，得一小虫，如蛇样，而甚细，仅如布线大。此中有人随汪圣锡到峨眉山，云，五更初去看，初布白气，已而有圆光如镜，其中有佛。然

① （宋）黎靖德：《朱子语类》（五）卷七十，中华书局，1986年，第1755页。
② （宋）黎靖德：《朱子语类》（七）卷一百，中华书局，1986年，第2549页。
③ （宋）黎靖德：《朱子语类》（一）卷二，中华书局，1986年，第24页。
④ （宋）黎靖德：《朱子语类》（一）卷二，中华书局，1986年，第23页。
⑤ （宋）黎靖德：《朱子语类》（一）卷二，中华书局，1986年，第28~29页。
⑥⑦ （宋）黎靖德：《朱子语类》（六）卷九十四，中华书局，1986年，第2380页。

其人以手裹头巾，则光中之佛亦裹头巾，则知乃人影耳。今所在有石，号'菩萨石'者，如水精状，于日中照之，便有圆光。想是彼处山中有一物，日初出，照见其影圆，而映人影如佛影耳。"① 由此可见，朱熹非常擅长运用直观的类比对自然现象做出解释。

除了用直观的事物作类比，朱熹还通过用抽象的阴阳相互作用与消长作为类比，以解释各种自然现象的变化。比如，在解释雨、云、雷、风等的形成时，他指出：

> 横渠云："阳为阴累，则相持为雨而降。"阳气正升，忽遇阴气，则相持而下为雨。盖阳气轻，阴气重，故阳气为阴气压坠而下也。"阴为阳得，则飘扬为云而升。"阴气正升，忽遇阳气，则助之飞腾而上为云也。"阴气凝聚，阳在内者不得出，则奋击而为雷霆。"阳气伏于阴气之内不得出，故爆开而为雷也。"阳在外者不得入，则周旋不舍而为风。"阴气凝结于内，阳气欲入不得，故旋绕其外不已而为风。至吹散阴气尽乃已也。"和而散，则为霜雪雨露；不和而散，则为戾气疆霾。"戾气，飞雹之类；疆霾，黄雾之类；皆阴阳邪恶不正之气，所以雹水秽浊，或青黑色。②

这里运用抽象的阴阳关系对张载有关自然现象的论述作了进一步解释。在解释草木鸟兽的差别时，朱熹说："草木都是得阴气，走飞都是得阳气。各分之，草是得阴气，木是得阳气，故草柔而木坚；走兽是得阴气，飞鸟是得阳气，故兽伏草而鸟栖木。然兽又有得阳气者，如猿猴之类是也；鸟又有得阴气者，如雉雕之类是也。唯草木都是得阴气，然却有阴中阳、阳中阴者。"③ 正是运用这样的类比推理，朱熹对自然界事物进行了长期的研究，从而获得了不少自然知识。

---

① （宋）黎靖德：《朱子语类》（七）卷一百二十六，中华书局，1986年，第3034页。
② （宋）黎靖德：《朱子语类》（七）卷九十九，中华书局，1986年，第2534～2535页。
③ （宋）黎靖德：《朱子语类》（一）卷四，中华书局，1986年，第62页。

第四章

科学思想的创新

正是在对自然界事物的长期研究中，朱熹在建构以格物致知说为起点的理学体系的同时，在科学思想上也有所创新。日本科学史家山田庆儿在他所著《朱子的自然学》中称朱熹是"一位被遗忘的自然学家"，"一位具有独创性的自然学家"①。韩国科学史家金永植在他所著《朱熹的自然哲学》中指出，朱熹在科学技术方面的知识"达到了很高的水平，他对自然界的知识有时还独具慧眼"②。中国科学史家胡道静说："朱子对于自然界林林总总的万物之理，亦潜心考察，沉思索解，常有独到之见，能符合科学研究所得出的法则。所以，朱子也还是我国历史上一位有相当成就的自然科学家。"③席泽宗早在上世纪60年代就发表了《朱熹的天体演化思想》一文，肯定朱熹的天体演化学说"较前人的有很大进步"④；后来他又进一步认为，朱熹是很关心自然科学的哲学家，"他关于高山和化石成因的论述和关于天地起源的论述，都有独到之处"⑤。朱熹的自然研究，涉及诸多领域，尤其在宇宙论、天文学、地学与气象学等方面颇为突出。

---

① （日）山田庆儿：《朱子的自然学·序言》，日本东京：岩波书店，1978年。笔者曾据山田庆儿称朱熹是"一位被遗忘的自然学家"，进而认定朱熹是"一位被遗忘的天文学家"［乐爱国：《朱熹：一位被遗忘的天文学家》，《东南学术》，2002年第6期］
② （韩）金永植：《朱熹的自然哲学》，华东师范大学出版社，2003年，第7页。
③ 胡道静：《朱子对沈括科学学说的钻研与发展》，《朱熹与中国文化》，学林出版社，1989年，第39页。
④ 席泽宗：《朱熹的天体演化思想》，《光明日报》，1963年8月9日。
⑤ 席泽宗：《中国科学思想史的线索》，《中国科技史料》，1982年第2期。

一、宇宙论思想

朱熹对于宇宙的研究成就突出，提出了许多重要见解，其宇宙论思想包含三个方面：第一，以"气"为起点的宇宙演化思想；第二，地以"气"的运转不息而悬空于宇宙之中的宇宙结构思想；第三，天有九重的思想。

图4－1

（一）宇宙的演化

关于宇宙的演化，"北宋五子"多有论述。周敦颐（字茂叔，学者称濂溪先生）通过对《太极图》的诠释，运用"太极"、"阴阳"、"五行"等抽象概念，表述了整个宇宙源于太极并由太极化生阴阳、五行、万物的宇宙演化论。邵雍建构了一个以太极为本原并由此产生出阴阳八卦进而化生万物、万物又复归于阴阳八卦最终归于太极的宇宙演化图式。张载讲"气"化生出天地自然万物，指出："气块然太虚，升降飞扬，未尝止息……浮而上者阳之清，降而下者阴之浊，其感（通）聚（结），为风雨，为雪霜。"[1]二程则指出："天地阴阳之变，便如二扇磨，升降盈亏刚柔，初未尝停息，阳常盈，阴常亏，故便不齐。譬如

---

[1]（宋）张载：《正蒙·太和篇》，《张载集》，中华书局，1978年，第8页。

磨既行，齿都不齐，即不齐，便生出万变。"①朱熹的宇宙演化思想正是在这一基础上发展而来。

朱熹认为，在天地未形成之前，有一个由"气"构成的混沌状态，除了气之外，未有他物；然后，气分化为阴阳，阴阳之气相互作用而有天地以及日月星辰。他说："方浑沦未判，阴阳之气，混合幽暗。及其既分，中间放得宽阔光朗，而两仪始立。"②又说：

> 天地初间只是阴阳之气。这一个气运行，磨来磨去，磨得急了，便拶许多渣滓；里面无处出，便结成个地在中央。气之清者便为天，为日月，为星辰，只在外，常周环运转。地便只在中央不动，不是在下。③

在这里，朱熹描绘了一幅阴阳之气相互作用而形成宇宙的图景。在朱熹看来，宇宙的初始只是由阴阳之气构成的气团，气团不断做旋转运动；阴阳二气相互作用，就像磨盘磨面那样，"磨来磨去"，于是有了许多"渣滓"。他又说："造化之运如磨，上面常转而不止。万物之生，似磨中撒出，有粗有细，自是不齐。"④经过分化，"清刚者为天，重浊者为地"，⑤于是，重浊之气便在中央结成了地，清刚之气则在地的周围形成天以及日月、星辰。他还说："水之极浊便成地，火之极清便成风霆雷电日星之属。"⑥这实际上就是所谓以"气"为起点的宇宙演化说。

朱熹以磨盘磨面作类比，阐述阴阳二气化生天地的过程，很可能受到二程的启发。二程讲"天地阴阳之变，便如二扇磨"，并且还说："天地之化，既是二物，必动已不齐。譬之两扇磨行，便其齿齐，不得

---

① （宋）程颢、程颐：《河南程氏遗书》卷二上，《二程集》（第一册），中华书局，1981年，第32～33页。
② （宋）黎靖德：《朱子语类》（六）卷九十四，中华书局，1986年，第2367页。
③⑤（宋）黎靖德：《朱子语类》（一）卷一，中华书局，1986年，第6页。
④ （宋）黎靖德：《朱子语类》（一）卷一，中华书局，1986年，第8页。
⑥ （宋）黎靖德：《朱子语类》（一）卷一，中华书局，1986年，第7页。

齿齐。既动，则物之出者，何可得齐？转则齿更不复得齐。从此参差万变，巧历不能穷也。"① 但重要的是，朱熹通过这一类比，提出了"一个处于不停顿的旋转运动中的、由阴阳二气组成的庞大气团，由于磨擦和碰撞的作用、旋转而引起的'渣滓'向中心聚拢的机制，以及清浊的差异等原因所造成的以地球为中心，在其周围形成天和日月星辰的天地生成说"②。英国科学史家梅森所著《自然科学史》在阐释朱熹的这一思想时指出："他（朱熹）认为在太初，宇宙只是在运动中的一团混沌的物质。这种运动是旋涡式的运动，而由于这种运动，重浊物质与清刚物质就分离开来，重浊者趋向宇宙大旋流的中心而成为地，清刚者则居于上而成为天。大旋流的中心是旋流的唯一不动部分，因而地必然处于宇宙的中心。"③

对于朱熹的这一科学思想，中国科学史家给予了很高的评价。席泽宗很早就认为，朱熹的这个学说比起前人有三大进步："一是他的物质性"，"二是他的力学性，考虑到了离心力"，"三是联系到地质现象"。④ 杜石然等所编《中国科学技术史稿》认为，朱熹的天地生成说具有了"力学的性质"，"虽然还只是猜想的、思辨性的，但是在当时的历史条件下，是一种有价值的见解"⑤。天文学史家陈美东认为，朱熹的论述"是中国古代最精彩的天地生成说，与近代康德-拉普拉斯星云说有相似之处"⑥。科学史家董光璧则根据朱熹的这一科学思想对于天文学发展的贡献，论定"他是一位有创造力的科学家"⑦。

需要指出的是，朱熹还特别强调宇宙演化的无穷性。据《朱子语类》载：

① （宋）程颢、程颐：《河南程氏遗书》卷二上，《二程集》（第一册），中华书局，1981年，第31页。
② 杜石然等：《中国科学技术史稿》（下册），科学出版社，1982年，第106页。
③ （英）梅森：《自然科学史》，上海译文出版社，1980年，第75页。
④ 席泽宗：《中国科学技术史·科学思想卷》，科学出版社，2001年，第2页。
⑤ 杜石然等：《中国科学技术史稿》（下册），科学出版社，1982年，第106页。
⑥ 陈美东：《中国科学技术史·天文学卷》，科学出版社，2003年，第503页。
⑦ 董光璧：《作为科学家的朱子》，《朱子学与21世纪国际学术研讨会论文集》，三秦出版社，2001年，第332～333页。

问："动静无端，阴阳无始。"曰："这不可说道有个始。他那有始之前，毕竟是个甚么？他自是做一番天地了，坏了后，又怎地做起来，那个有甚穷尽？"①

问："不知人物消靡尽时，天地坏也不坏？"曰："也须一场鹘突。既有形气，如何得不坏？但一个坏了，又有一个。"②

在朱熹看来，宇宙的演化既没有开端，也没有结束，是一个无穷的过程。

（二）宇宙的天地结构

早在汉代，中国就有各种宇宙结构学说，其中盖天说和浑天说最为流行。汉代的盖天说认为，"天似盖笠，地法覆槃，天地各中高外下。北极之下为天地之中，其地最高"。③浑天说则认为，"天如鸡子，地如鸡中黄，孤居于天内，天大而地小。天表里有水，天地各乘气而立，载水而行"。④浑天说所谓"天地各乘气而立，载水而行"的说法，存在着很大的问题：当天球绕地运行而至地下时，日月星辰如何从水中通过？东汉的王充就曾经批评过浑天说，指出："旧说天转从地下过。今掘地一丈辄有水，天何得从水中行乎？甚不然也。日随天而转，非入地。"⑤朱熹反对盖天说，赞同浑天说。他说："浑仪可取，盖天不可用。试令主盖天者做一样子，如何做？只似个雨伞，不知如何与地相附着。"⑥又说："天之形圆如弹丸，朝夜运转，其南北两端后高前下，乃其枢轴不动之处。"⑦但是，他对浑天说又作了进一步的改造。

① （宋）黎靖德：《朱子语类》（六）卷九十四，中华书局，1986年，第2377页。
② （宋）黎靖德：《朱子语类》（三）卷四十五，中华书局，1986年，第1155页。
③ （唐）房玄龄等：《晋书》（二）卷十一《天文志上》，中华书局，1974年，第278页。
④⑤（唐）房玄龄等：《晋书》（二）卷十一《天文志上》，中华书局，1974年，第281页。
⑥ （宋）黎靖德：《朱子语类》（一）卷二，中华书局，1986年，第27页。
⑦ （宋）朱熹：《楚辞集注》卷三《天问》，《朱子全书》第十九册，上海古籍出版社等，2002年，第66页。

朱熹认为，宇宙中充满着气，天即是气。他说："天只是一气流行。"①"盖天只是气，非独是高。只今人在地上，便只见如此高。要之，他连那地下亦是天。天只管转来旋去，天大了，故旋得许多渣滓在中间……地只是气之渣滓。"②他又说：

　　天却四方上下都周匝无空阙，逼塞满皆是天。地之四向底下却靠着那天。天包地，其气无不通。③

朱熹还说："天包乎地，天之气又行乎地之中。"④"盖天之形虽包乎地之外，而其气实透乎地之中。地虽是一块物事在天之中，然其中实虚，容得天许多气。"⑤因此，在朱熹看来，宇宙中充满着气，而地只是宇宙之气中的一物。

而且，朱熹认为，宇宙中的气并不是均匀分布的。他说："天积气，上面劲，只中间空，为日月来往。地在天中，不甚大，四边空。"⑥认为天上的气较为紧密，旋转得快，中间则较疏松，可以容日月星辰运行。为了证明高处的气较为紧密，他还说："道家有高处有万里刚风之说，便是那里气清紧。低处则气浊，故缓散。想得高山更上去，立人不住了，那里气又紧故也。"⑦又说："天包乎地，其气极紧。试登极高处验之，可见形气相催，紧束而成体。但中间气稍宽，所以容得许多品物。若一例如此气紧，则人与物皆消磨矣！"⑧认为高处的气较为紧密，中间的气稍宽，可以容得人和动植物的存在。

朱熹所谓"天只是气"的观点，克服了以往浑天说所谓"天表里有水"、地"载水而行"的严重缺欠。但是，地何以悬空于宇宙之气中？对此，朱熹作了回答。

---

① （宋）黎靖德：《朱子语类》（三）卷四十五，中华书局，1986年，第1150页。
② （宋）黎靖德：《朱子语类》（二）卷十八，中华书局，1986年，第395页。
③④（宋）黎靖德：《朱子语类》（一）卷一，中华书局，1986年，第6页。
⑤ （宋）黎靖德：《朱子语类》（四）卷六十五，中华书局，1986年，第1606页。
⑥ （宋）黎靖德：《朱子语类》（一）卷二，中华书局，1986年，第17页。
⑦ （宋）黎靖德：《朱子语类》（一）卷二，中华书局，1986年，第23页。
⑧ （宋）黎靖德：《朱子语类》（一）卷二，中华书局，1986年，第18页。

　　依据邵雍所说"天依形，地附气，其形也有涯，其气也无涯"，以及《黄帝内经》所载"黄帝问于岐伯曰：地有凭乎？岐伯曰：大气举之"。朱熹认为，天体的运转"无形质，但如劲风之旋"，"地则气之渣滓聚成形质者；但以其束于劲风旋转之中，故得以兀然浮空，甚久而不坠耳"①。另据《朱子语类》载，问："天有形质否？"朱熹曰："无。只是气旋转得紧，如急风然，至上面极高处转得愈紧。若转才慢，则地便脱坠矣！"②他还说："为其气极紧，故能扛得地住；不然，则坠矣。"③在朱熹看来，地之所以可以悬空于宇宙之气中，是因为宇宙之气运转不息，并且旋转得紧，所以能够支撑地的悬浮。一旦停止旋转，地则会下坠。他还说：

　　　　天运不息，昼夜辗转，故地㩙在中间。使天有一息之停，则地须陷下。惟天运转之急，故凝结得许多渣滓在中间。

　　　　天以气而依地之形，地以形而附天之气。天包乎地，地特天中之一物尔。天以气而运乎外，故地㩙在中间，隤然不动。使天之运有一息停，则地须陷下。④

　　这实际上就是所谓地以"气"的运转不息而悬空于宇宙之中的宇宙结构说。对此，杜石然的《中国科学技术史稿》指出："朱熹的这一见解，取消了张衡以来浑天家所谓地'载水而浮'，'天表里有水'的严重缺欠，把浑天说的传统理论提高到新的水平。"⑤天文学史家陈美东认为，朱熹的宇宙结构理论"是对有宋以来宇宙理论发展的集大成的、又富创新意义的成果……更全面、系统地重塑了浑天说，从而确立了新浑天说的地位，并开拓了浑天说发展的正确方向"。⑥

　①（宋）朱熹：《楚辞集注》卷三《天问》，《朱子全书》第十九册，上海古籍出版社等，2002年，第66页。
　②（宋）黎靖德：《朱子语类》（一）卷二，中华书局，1986年，第28页。
　③（宋）黎靖德：《朱子语类》（七）卷一百，中华书局，1986年，第2548页。
　④（宋）黎靖德：《朱子语类》（一）卷一，中华书局，1986年，第6页。
　⑤杜石然等：《中国科学技术史稿》（下册），科学出版社，1982年，第106页。
　⑥陈美东：《中国科学技术史·天文学卷》，科学出版社，2003年，第506页。

需要指出的是，朱熹虽然赞同浑天说，但又认为宇宙空间是无限的。据《朱子语类》载：

> 问："康节论六合之外，恐无外否？"曰："理无内外，六合之形须有内外。日从东畔升，西畔沉，明日又从东畔升。这上面许多，下面亦许多，岂不是六合之内！历家算气，只算得到日月星辰运行处，上去更算不得。安得是无内外！"①

朱熹赞同邵雍所谓"六合之外"的说法，认为在天地之外还存在着广大的空间。他还说：

> 六合之外，庄周亦云"圣人存而不论"，以其难说故也。旧尝见《渔樵问对》："问：'天何依？'曰：'依乎地。''地何附？'曰：'附乎天。''天地何所依附？'曰：'自相依附。天依形，地附气，其形也有涯，其气也无涯。'"意者当时所言，不过如此。②

显然，在朱熹看来，天地之外的空间也是由无涯的"气"所构成。他还认为，邵雍《渔樵问对》（《渔樵问答》）"所以重复而言不出此意者，唯恐人于天地之外别寻去处故也。天地无外，所谓'其形有涯，而其气无涯'也。为其气极紧，故能扛得地住，不然，则坠矣。气外须有躯壳，甚厚，所以固此气也。"。③

（三）天有九重

中国古代很早就有"九天"的说法。屈原《楚辞·天问》有"圜则九重，孰营度之"、"九天之际，安放安属"之问。《吕氏春秋·有始》对"九天"作了说明："中央曰钧天"，"东方曰苍天"，"东北曰变天"，"北方曰玄天"，"西北曰幽天"，"西方曰颢天"，"西南曰朱天"，"南方曰炎天"，"东南曰阳天"。直到南宋初年，洪兴

---

① （宋）黎靖德：《朱子语类》（一）卷一，中华书局，1986年，第7页。
② （宋）黎靖德：《朱子语类》（七）卷一百一十五，中华书局，1986年，第2774页。
③ （宋）黎靖德：《朱子语类》（七）卷一百，中华书局，1986年，第2548页。

祖的《楚辞补注》对"九天"的注释仍然是:"东方暤天,东南方阳天,南方赤天,西南方朱天,西方成天,西北方幽天,北方玄天,东北方变天,中央钧天。"[①]显然,这些说法都不具有天有九重的含义。

朱熹认为,《天问》中的"九天",即"圜则九重"者,而所谓"九重",就是指:"自地之外,气之旋转,益远益大,益清益刚,究阳之数,而至于九,则极清极刚,而无复有涯矣。"[②]这里明确提出天有九重的思想。他还明确指出:

> 《离骚》有九天之说,注家妄解,云有九天。据某观之,
> 只是九重。盖天运行有许多重数。里面重数较软,至外面则渐
> 硬。想到第九重,只成硬壳相似,那里转得愈紧矣。[③]

另据《朱子语类》载,朱熹弟子陈淳(字安卿,号北溪)问:"天有质否?抑只是气?"曰:"只似个旋风,下面软,上面硬,道家谓之'刚风'。世说天九重,分九处为号,非也。只是旋有九重,上转较急,下面气浊,较暗。上面至高处,至清且明,与天相接。"[④]

在朱熹的宇宙结构中,自地之外分为九重,第九重,与硬壳相似;"星不是贴天"[⑤],而是在九重天之间,随天而转。朱熹又说:"天无体,只二十八宿便是天体。"[⑥]可见,日月五星是在二十八宿以下的各重天中运行。因此,有科学史家指出:"从朱熹已有的论述,兼及他所推崇的张载左旋说来看,朱熹所说已经涉及了如下思想:天体是分层次分布的,计有九重。第九重为天壳,第八重为恒星,其下依次是土星、木星、火星、太阳、金星和水星、月亮。"[⑦]

---

① (宋)洪兴祖:《楚辞补注》卷三《天问章句》,文渊阁四库全书。
② (宋)朱熹:《楚辞集注》卷三《天问》,《朱子全书》第十九册,上海古籍出版社等,2002年,第66页。
③ (宋)黎靖德:《朱子语类》(一)卷二,中华书局,1986年,第23页。
④ (宋)黎靖德:《朱子语类》(三)卷四十五,中华书局,1986年,第1156页。
⑤ (宋)黎靖德:《朱子语类》(一)卷二,中华书局,1986年,第16页。
⑥ (宋)黎靖德:《朱子语类》(一)卷二,中华书局,1986年,第15页。
⑦ 陈美东:《中国科学技术史·天文学卷》,科学出版社,2003年,第506页。

此外，朱熹还认为，第九重天"极清极刚，而无复有涯"。显然，在他看来，第九重天是无穷的。朱熹还曾引述蔡元定所言："论日月，则在天里；论天，则在太虚空里。"①他自己也说："天之外无穷……如虚空中一圆球。"②认为九重天的结构处于无穷的虚空之中。

二、天文学思想

（一）天体运行方向与轨道

关于天体的运行，盖天说认为，天左旋，日月五星右旋，指出："天旁转如推磨而左行，日月右行，随天左转，故日月实东行，而天牵之以西没。譬之于蚁行磨石之上，磨左旋而蚁右去，磨疾而蚁迟，故不得不随磨以左回焉。"③与此不同，张载认为，日月五星顺天左旋，因速度稍慢于天左旋而右行，所谓"天左旋，处其中者顺之，少迟则反右矣"④。

朱熹吸取了张载关于日月五星顺天左旋的观点。他说：

> 天最健，一日一周而过一度。日之健次于天，一日恰好行三百六十五度四分度之一，但比天为退一度。月比日大故缓，比天为退十三度有奇。但历家只算所退之度，却云日行一度，月行十三度有奇。此乃截法，故有日月五星右行之说，其实非右行也。横渠曰："天左旋，处其中者顺之，少迟则反右矣。"此说最好。⑤

① （宋）黎靖德：《朱子语类》（一）卷二，中华书局，1986年，第15页。
② （宋）朱熹：《晦庵先生朱文公文集》卷六十二《答李敬子、余国秀》，四部丛刊初编。
③ （唐）房玄龄等：《晋书》（二）卷十一《天文志上》，中华书局，1974年，第279页。
④ （宋）张载：《正蒙·参两篇》，《张载集》，中华书局，1978年，第11页。
⑤ （宋）黎靖德：《朱子语类》（一）卷二，中华书局，1986年，第13页。

在朱熹看来，历家讲日月五星右旋，是因为"只算所退之度"。他还说："进数为顺天而左，退数为逆天而右。历家以进数难算，只以退数算之，故谓之右行"；"历家以右旋为说，取其易见日月之度耳。"[①]认为历家讲日月五星右旋，只是计算上比较容易，"其实非右行也"。而且，他还说："某看天上日月星不曾右转，只是随天转。"[②]试图以此证明"天道左旋，日月星辰右转"是错误的。

据《朱子语类》载：

> 问："经星左旋，纬星与日月右旋，是否？"曰："今诸家是如此说。横渠说天左旋，日月亦左旋。看来横渠之说极是。只恐人不晓，所以《诗传》只载旧说。"或曰："此亦易见。如以一大轮在外，一小轮载日月在内，大轮转急，小轮转慢。虽都是左转，只有急有慢，便觉日月似右转了。"曰："然。但如此，则历家'逆'字皆着改做'顺'字，'退'字皆着改作'进'字。"[③]

所谓"经星"，即二十八宿中的恒星，亦即天体；"纬星"，即日月五星。在这里，朱熹赞同张载所谓"天左旋，日月亦左旋"的说法，并以"大轮"和"小轮"作类比，以说明日月五星顺天左旋。

需要指出的是，对于以上朱熹所言，李约瑟说："这位哲学家曾谈到'大轮'和'小轮'，也就是日、月的小'轨道'以及行星和恒星的大'轨道'。特别有趣的是，他已经认识到，'逆行'不过是由于天体相对速度不同而产生的一种视现象。"[④]因此，李约瑟认为，"不能匆匆忙忙地假定中国天文学家从未理解行星的运动轨道"。天文学史家陈美东也说："这里更形象而明确地以圆环来论述天和日、月运行的轨道，且圆环有大小之别。这应是他们关于天和日、月等循着大小不同的

---

①② （宋）黎靖德：《朱子语类》（一）卷二，中华书局，1986年，第14页。

③ （宋）黎靖德：《朱子语类》（一）卷二，中华书局，1986年，第16页。

④ （英）李约瑟：《中国科学技术史》第四卷《天学》，科学出版社，1975年，第547页。

圆环形轨道运行的思想的表述。"[①]显然，在一些科学史家看来，朱熹已具有了天体运行有着各自轨道的思想。

（二）月之盈亏、日月食与月中黑影

在对天文学的研究过程中，朱熹对许多天文现象都曾作过解释。在解释月有盈缺时，朱熹较多地吸取沈括的观点。如前所述，朱熹《楚辞集注》曾引沈括所言："月本无光，犹银丸，日耀之乃光耳。光之初生，日在其傍，故光侧而所见才如钩；日渐远则斜照而光稍满。如一弹丸，以粉涂其半，侧视之，则粉处如钩；对视之，则正圆。此有以知其如丸也。"对此，朱熹接着说："以此观之，则知月光常满，但自人所立处视之，有偏有正，故见其光有盈有亏，非既死而复生也。"[②]他还说："月只是受日光。月质常圆，不曾缺，如圆球，只有一面受日光。望日日在酉，月在卯，正相对，受光为盛。"[③]

关于月之盈亏变化，朱熹说：

> 月无盈阙，人看得有盈阙。盖晦日则月与日相叠了，至初三方渐渐离开去，人在下面侧看见，则其光阙。至望日则月与日正相对，人在中间正看见，则其光方圆。[④]

> 方合朔时，日在上，月在下，则月面向天者有光，向地者无光，故人不见。及至望时，月面向人者有光，向天者无光，故见其圆满。[⑤]

在朱熹看来，月亮因受日光而明；在月初，月与日同一方向，日在月上，月受日光的那一面朝天，朝地的那一面因没受日光而无光亮，

---

① 陈美东：《中国科学技术史·天文学卷》，科学出版社，2003年，第506页。

② （宋）朱熹：《楚辞集注》卷三《天问》，《朱子全书》第十九册，上海古籍出版社等，2002年，第68页。

③ （宋）黎靖德：《朱子语类》（一）卷二，中华书局，1986年，第17页。

④ （宋）黎靖德：《朱子语类》（一）卷二，中华书局，1986年，第19～20页。

⑤ （宋）黎靖德：《朱子语类》（一）卷二，中华书局，1986年，第20页。

所以人们看不见月亮；而后，月与日相错开，月朝地的那一面的侧面受日光，所以看起来月有缺；至初七、初八，月朝地的那一面有半面受日光，所以看到上弦月，"上弦是月盈及一半，如弓之上弦"；至阴历十五，月与日正好相对，月朝地的那一面完全受日光，因而看到满月；随后，月朝地的那一面所受日光的面逐渐减少，人们又看到了月有缺；至阴历廿二、廿三，月朝地的那一面只剩半面受月光，所以看到下弦月，"下弦是月亏了一半，如弓之下弦"；直到月底，月与日再处同一方向，人们又看不到月亮。因此，朱熹还说："初一、初二，月全无光。初三渐开，方微有弦上光，是哉生明也。开后渐亦光，至望则相对，故圆。此后复渐相近，至晦则复合，故暗。月之所以亏盈者此也。"①

在解释日食和月食的现象时，朱熹说：

> 日蚀是日月会合处。月合在日之下，或反在上，故蚀。月蚀是日月正相照。②

> 或日行月之旁，月行日之旁，不相掩者皆不蚀。唯月行日外而掩日于内，则为日蚀；日行月外而掩月于内，则为月蚀。所蚀分数，亦推其所掩之多少而已。③

他认为，日食和月食是由于日、月相对位置的变化而造成的。同时，他还对日食发生于朔时、月食发生于望时的原因作了解释，指出：

> 日所以蚀于朔者，月常在下，日常在上，既是相会，被月在下面遮了日，故日蚀。望时月蚀，固是阴敢与阳敌，然历家又谓之暗虚。盖火日外影，其中实暗，到望时恰当着其中暗处，故月蚀。④

在朱熹看来，日食之所以发生于朔时，是因为在这个时候，"月常

---

①② （宋）黎靖德：《朱子语类》（一）卷二，中华书局，1986年，第21页。
③ （宋）黎靖德：《朱子语类》（一）卷二，中华书局，1986年，第18页。
④ （宋）黎靖德：《朱子语类》（一）卷二，中华书局，1986年，第12～13页。

在下，日常在上"，太阳被月亮所遮蔽；而月食之所以发生于望时，是因为在这个时候，月亮恰好对着太阳本身所具有的暗影，即"暗虚"。

关于"暗虚"，汉代张衡说："月光生于日之所照……当日之冲，光常不合者，蔽于（地）也。是谓暗虚。在星星微，月过则食。"①这里的"暗虚"是指太阳光照到月亮时受到地的遮蔽而形成暗影。张衡认为，当月亮经过这一暗影时，则形成月食。但是，在朱熹那里，"暗虚"却被认为是太阳本身所具有的暗影，所谓"火日外影，其中实暗"。当望时，如果月亮恰好对着这个暗影，就会发生月蚀。他还说："至明中有暗处，其暗至微。望之时，月与之正对，无分毫相差。月为暗处所射，故蚀。"②

对于月中黑影的解释，朱熹认为，它是地影。他说：

> 月之中有影者，盖天包地外，地形小，日在地下，则月在天中；日甚大，从地四面光起，其影则地影也。地碍日之光，世所谓"山河大地影"是也。③

> 有时月在天中央，日在地中央，则光从四旁上受于月。其中昏暗，便是地影。④

朱熹特别以月望时为例，指出："月之望，正是日在地中，月在天中，所以日光到月，四伴更无亏欠；唯中心有少压翳处，是地有影蔽者尔。"⑤"十五六则日在地下，其光由地四边而射出，月被其光而明。月中是地影。"⑥他还以镜子作类比，指出："日月在天，如两镜相照，而地居其中，四旁皆空水也。故月中微黑之处，乃镜中大地之影，略有形似，而非真有是物也。"⑦此外，朱熹还作了更为具体的辨析。据《朱子语类》载：

---

① （晋）司马彪：《后汉书》（十一）志第十《天文上》。中华书局，1965年，第3216页。

②③ （宋）黎靖德：《朱子语类》（五）卷七十九，中华书局，1986年，第2056页。

④ （宋）黎靖德：《朱子语类》（一）卷二，中华书局，1986年，第17页。

⑤ （宋）黎靖德：《朱子语类》（一）卷二，中华书局，1986年，第18页。

⑥ （宋）黎靖德：《朱子语类》（一）卷二，中华书局，1986年，第19页。

⑦ （宋）朱熹：《楚辞集注》卷三《天问》，《朱子全书》第十九册，上海古籍出版社等，2002年，第68页。

图4－2

或问："月中黑影是地影否？"曰："前辈有此说，看来理或有之。然非地影，乃是地形倒去遮了他光耳。如镜子中被一物遮住其光，故不甚见也。盖日以其光加月之魄，中间地是一块实底物事，故光照不透而有此黑晕也。"问："日光从四边射入月光，何预地事，而碍其光？"曰："终是被这一块实底物事隔住，故微有碍耳"或录云："人剪纸人贴镜中，以火光照之，则壁上圆光中有一人。月为地所碍，其黑晕亦犹是耳。"①

从朱熹对于月食和月中黑影所形成原因的解释可以看出，张衡对于月食形成原因的解释，即太阳光照到月亮时受到地的遮蔽而形成暗影，朱熹却用于解释月中黑影的形成。至于月食的形成，朱熹则认为，是由于月亮恰好对着太阳本身所具有的"暗虚"。从现代科学角度看，朱熹对于月食和月中黑影所形成原因的解释，明显有问题。当然，他承认月望时太阳光照到月亮时会受到地的遮蔽，这对于理解日、月、地三者在位置变化过程中的相互关系是有益的。

三、地学思想及其他

（一）大地的形成与运动变化

朱熹对大地形成的研究是其对于宇宙论研究的继续。如前所述，朱熹认为，宇宙的初始只是由阴阳之气构成的气团，阴阳二气相互作用，经过分化，"清刚者为天，重浊者为地"，"凝结得许多渣滓在中间"。据《朱子语类》载：

天地始初混沌未分时，想只有水火二者。水之滓脚便成

---

① （宋）黎靖德：《朱子语类》（一）卷二，中华书局，1986年，第20～21页。

地。今登高而望，群山皆为波浪之状，便是水泛如此。只不知因什么事凝了。初间极软，后方凝得硬。问："想得如潮水涌起沙相似？"曰："然。水之极浊便成地，火之极清便成风霆雷电日星之属。"①

初间未有物，只是气塞。及天开些后，便有一块渣滓在其中，初则溶软，后渐坚实。今山形自高而下，便似拶出来模样。淳曰："每常见山形如水漾沙之势，想初间地未成质之时，只是水。后来渐渐凝结，势自如此。凡物皆然。如鸡子壳之类，自气而水，水而质，尤分晓。"曰："是。"②

显然，朱熹是根据自己的思辨和直观的经验推断大地是在水的作用下通过沉积而形成的。西方地质学曾在18世纪就地壳形成问题展开过讨论，产生了水成说与火成说这一互相对立的地质学观点；其中水成说的代表之一德国地质学家维尔纳认为，地球最初为一片原始的海洋浸没着，所有岩层都是在海中通过结晶化、化学沉淀和机械沉积而形成的。显然，朱熹关于大地形成的观点与水成说的地质学观点具有很大的相似之处。一些科学史家则指出："朱熹的这些看法，是对客观事实的粗略观察与思辨性推理的产物，虽然在今天看来，把水的冲力作为地壳变动的动力，是十分幼稚的见解，而且大地也不是朱熹所说的全由沉积的作用而成，但这却是以一种自然力的作用去解释自然现象的大胆尝试，而且以上的一些看法同我们现今关于沉积岩生成的认识有某些共同之处。所以朱熹的这些看法是很可贵的。"③

朱熹讨论过有关大地的运动问题。他说过，地"在中央不动，不是在下"，"地㙇在中间，陨然不动"。但这里所谓"不动"可能是指地不下坠。实际上，朱熹强调地随天旋转。他曾经指出：

今之地中，与古已不同。汉时阳城是地之中，本朝岳台是

---

① （宋）黎靖德：《朱子语类》（一）卷一，中华书局，1986年，第7页。
② （宋）黎靖德：《朱子语类》（三）卷四十五，中华书局，1986年，第1156页。
③ 杜石然等：《中国科学技术史稿》（下册），科学出版社，1982年，第106页。

地之中，已自差许多……想是天运有差，地随天转而差。今坐于此，但知地之不动耳，安知天运于外，而地不随之以转耶？^①

关于大地运动，据晋朝张华（字茂先）所撰《博物志》记载，《尚书纬·考灵曜》曰："地有四游，冬至地上北而西三万里，夏至地下南而东三万里，春秋二分其中矣。地常动不止，譬如人在舟而坐，舟行而人不觉。"^②朱熹讨论过"地之四游"。据《朱子语类》载：

> 问："何谓'四游'？"曰："谓地之四游升降不过三万里……春游过东三万里，夏游过南三万里，秋游过西三万里，冬游过北三万里。今历家算数如此，以土圭测之，皆合。"個曰："譬以大盆盛水，而以虚器浮其中，四边定四方。若器浮过东三寸，以一寸折万里，则去西三寸。亦如地之浮于水上，差过东方三万里，则远去西方三万里矣。南北亦然。然则冬夏昼夜之长短，非日暮出没之所为，乃地之游转四方而然尔。"曰："然。"用之曰："人如何测得如此？恐无此理。"曰："虽不可知，然历家推算，其数皆合，恐有此理。"^③

显然，朱熹赞同前人所谓"地之四游"说。

朱熹对地表升降变化的讨论最为重要。沈括曾说："山崖之间，往往衔螺蚌壳及石子如鸟卵者，横亘石壁如带。此乃昔之海滨。今距东海已近千里。所谓大陆者，皆浊泥所湮耳。"^④对于沈括所描述的地表升降变化的现象，朱熹作了更进一步的解释。他说：

> 今高山上多有石上蛎壳之类，是低处成高。又蛎须生于泥沙中，今乃在石上，则是柔化为刚。天地变迁，何常之有？^⑤

朱熹认为，地表的升降变化，"低处成高"是一种常有的自然现

---

① （宋）黎靖德：《朱子语类》（六）卷八十六，中华书局，1986年，第2212页。

② （晋）张华：《博物志》卷一，文渊阁四库全书。

③ （宋）黎靖德：《朱子语类》（六）卷八十六，中华书局，1986年，第2214页。

④ （宋）沈括：《梦溪笔谈》卷二十四《杂志一》，胡道静：《梦溪笔谈校正》（下），上海古籍出版社，1987年，第756页。

⑤ （宋）黎靖德：《朱子语类》（六）卷九十四，中华书局，1986年，第2369页。

象。他还说：

> 常见高山有螺蚌壳，或生石中，此石即旧日之土，螺蚌即
> 水中之物。下者却变而为高，柔者变而为刚，此事思之至深，
> 有可验者。①

在朱熹看来，高山有螺蚌壳说明了"下者变而为高"，从而验证了
地表的升降变化。对此，李约瑟认为，这段话在地质学上的主要意义在
于"朱熹当时就已经认识到，自从生物的甲壳被埋入海底软泥当中的那
一天以来，海底已经逐渐升起而变为高山了。但是直到3世纪以后，亦
即一直到达·芬奇的时代，欧洲人还仍然认为，在亚平宁山脉发现甲壳
的事实是说明海洋曾一度达到这个水平线"。②梅森在他的《自然科学
史》中说："朱熹的这一段话代表了中国科学最优秀的成就，是敏锐观
察和精湛思辨的结合。"③充分肯定朱熹对于地表升降变化的研究与推
论具有重要的科学价值。

（二）气象、气候与物候

朱熹对于各种气象的形成多有研究，并且根据亲身观察对风、云、
雨、露、霜、雪、雷、虹等天气现象做出解释。可参见《朱子语类》卷
二《理气下·天地下》，摘录如下：

> 风只如天相似，不住旋转。今此处无风，盖或旋在那边，
> 或旋在上面，都不可知。如夏多南风，冬多北风，此亦可见。
>
> 霜只是露结成，雪只是雨结成。古人说露是星月之气，不
> 然。今高山顶上虽晴亦无露。露只是自下蒸上。
>
> 高山无霜露，却有雪……上面气渐清，风渐紧，虽微有雾
> 气，都吹散了，所以不结。若雪，则只是雨遇寒而凝，故高寒
> 处雪先结也。

---

① （宋）黎靖德：《朱子语类》（六）卷九十四，中华书局，1986年，第2367页。
② （英）李约瑟：《中国科学技术史》第五卷《地学》，科学出版社，1976年，第266～268页。
③ （英）梅森：《自然科学史》，上海译文出版社，1980年，第75页。

雪花所以必六出者，盖只是霰下，被猛风拍开，故成六出。如人掷一团烂泥于地，泥必溅开成棱瓣也。又，六者阴数，太阴玄精石亦六棱，盖天地自然之数。

雨自是阴阳气蒸郁而成……"密云不雨，尚往也"，盖止是下气上升，所以未能雨。必是上气蔽盖无发泄处，方能有雨。

雷如今之炮杖，盖郁积之极而迸散者也。

虹非能止雨也，而雨气至是已薄，亦是日色射散雨气了。①

此外，朱熹还说："阳气正升，忽遇阴气，则相持而下为雨"；"阴气正升，忽遇阳气，则助之飞腾而上为云也"；"阳气伏于阴气之内不得出，故爆开而为雷也"；"阴气凝结于内，阳气欲入不得，故旋绕其外不已而为风"②。"阴阳之气闭结之极，忽然迸散出做这雷雨。只管闭结了，若不解散，如何会有雷雨作……雷便是如今一个炮杖。"③尤其是，朱熹还对露与霜、雪与霜、雨与露、雾与露的差异作了分析，指出：

古语云："露结为霜。"今观之诚然……盖露与霜之气不同：露能滋物，霜能杀物也。又雪霜亦有异，霜则杀物，雪不能杀物也。雨与露亦不同，雨气昏，露气清，气蒸而为雨，如饭甑盖之，其气蒸郁而汗下淋漓，气蒸而为雾，如饭甑不盖，其气散而不收。雾与露亦微有异，露气肃，而雾气昏也。④

关于气候，朱熹也有所论述。他曾比较春夏之际与秋冬之际的气候差异，说："春夏间天转稍慢，故气候缓散昏昏然，而南方为尤甚。至秋冬，则天转益急，故气候清明，宇宙澄旷。所以说天高气清，以其转

① （宋）黎靖德：《朱子语类》（一）卷二，中华书局，1986年，第23～24页。
② （宋）黎靖德：《朱子语类》（七）卷九十九，中华书局，1986年，第2534～2535页。
③ （宋）黎靖德：《朱子语类》（五）卷七十二，中华书局，1986年，第1832页。
④ （宋）黎靖德：《朱子语类》（七）卷一百，中华书局，1986年，第2548～2549页。
⑤ （宋）黎靖德：《朱子语类》（一）卷二，中华书局，1986年，第28页。

急而气紧也。"⑤他还曾比较不同地区的气候差异，说："南方日近而阳盛，故多暖。北方日远而阴盛，故多寒。今以越之南、燕之北观之，已自可验，则愈远愈偏，而有冬暖夏寒之所，不足怪矣。"①又说："今近东之地，自是多风。如海边诸郡风极多，每如期而至，如春必东风，夏必南风，不如此间之无定。盖土地旷阔，无高山之限，故风各以方至。某旧在漳泉验之，早间则风已生，到午而盛，午后则风力渐微，至晚则更无一点风色，未尝少差。盖风随阳气生，日方升则阳气生，至午则阳气盛，午后则阳气微，故风亦随而盛衰。如西北边多阴，非特山高障蔽之故，自是阳气到彼处衰谢。盖日到彼方午，则彼已甚晚，不久则落，故西边不甚见日。古语云：'蜀之日，越之雪。'言见日少也。所以蜀有'漏天'。古语云：'巫峡多漏天。'老杜云：'鼓角漏天东。'言其地常雨，如天漏然。"②还说："如那有雪处，直是四五月后雪不融，这便是所谓'景朝多风'处。便是日到那里时，过午时阳气不甚厚，所以如此。所谓'漏天'处，皆在那里。"③

物候是自然界的动植物和自然环境与季节的周期变化之间所存在的关系。朱熹曾经比较不同季节所开的花，并对花的凋谢的难易作了解释："冬间花难谢。如水仙，至脆弱，亦耐久；如梅花腊梅，皆然。至春花则易谢。若夏间花，则尤甚矣。如葵榴荷花，只开得一日。必竟冬时其气贞固，故难得谢。若春夏间，才发便发尽了，故不能久。"④关于瑞雪兆丰年的说法，朱熹解释说："所以大雪为丰年之兆者，雪非丰年，盖为凝结得阳气在地，来年发达生长万物。"⑤尤为重要的是，朱熹所撰《仪礼经传通解》还收录了他对丁古代物候学著作《夏小正》《月令》的传注，其中也包含丰富的物候知识。

① （宋）朱熹：《楚辞集注》卷三《天问》，《朱子全书》第十九册，上海古籍出版社等，2002年，第72页。
② （宋）黎靖德：《朱子语类》（六）卷八十六，中华书局，1986年，第2211页。
③ （宋）黎靖德：《朱子语类》（八）卷一百三十八，中华书局，1986年，第3282页。
④ （宋）黎靖德：《朱子语类》（一）卷四，中华书局，1986年，第62页。
⑤ （宋）黎靖德：《朱子语类》（一）卷二，中华书局，1986年，第24页。

（三）地理与潮汐

在地理研究方面，朱熹非常重视实地考察，并对一些地区的地理位置、山脉的走向、河水的流向等等作了详细的记录。比如《朱子语类》卷二《理气下·天地下》载朱熹所言："冀都是正天地中间，好个风水。山脉从云中发来，云中正高脊处。自脊以西之水，则西流入于龙门西河；自脊以东之水，则东流入于海。前面一条黄河环绕，右畔是华山耸立"；"尧都中原，风水极佳。左河东，太行诸山相绕，海岛诸山亦皆相向。右河南绕，直至泰山凑海。第二重自蜀中出湖南，出庐山诸山。第三重自五岭至明越。又黑水之类，自北缠绕至南海"；"河东地形极好，乃尧舜禹故都，今晋州河中府是也。左右多山，黄河绕之，嵩、华列其前"；"上党即今潞州，春秋赤狄潞氏，即其地也。以其地极高，与天为党，故曰上党。上党，太行山之极高处。平阳晋州蒲阪，山之尽头，尧舜之所都也。河东河北诸州，如太原晋阳等处，皆在山之两边窠中。山极高阔……山后是忻代诸州。泰山却是太行之虎山"；"闽中之山多自北来，水皆东南流。江浙之山多自南来，水多北流，故江浙冬寒夏热"；"荆襄山川平旷，得天地之中，有中原气象，为东南交会处，耆旧人物多，最好卜居"等等。[1]

朱熹还对古代地理学著作《禹贡》进行了细致的考订和深入的研究，并且发现《禹贡》中的一些记载与实际"全然不合"。他举例说："如《禹贡》济水，今皆变尽了。又江水无沱，又不至澧。九江亦无寻处。后人只白捉江州。又上数千里不说一句，及到江州，数千里间，连说数处，此皆不可晓者。"[2]"且如汉水自是从今汉阳军入江，下至江州，然后江西一带江水流出，合大江。两江下水相淤，故江西水出不得，溢为彭蠡。上取汉水入江处有多少路。今言汉水'过三澨，至于大

---

① （宋）黎靖德：《朱子语类》（六）卷八十六，中华书局，1986年，第2211页。
② （宋）黎靖德：《朱子语类》（八）卷一百三十八，中华书局，1986年，第3282页。

别，南入于江，东汇泽为彭蠡'，全然不合！"[1] "且如'岷山导江，东别为沱'，今已不知沱所在。或云蜀中李冰所凿一所，灌荫蜀中数百里之田，恐是沱，则地势又太上了。澧水下有一支江，或云是，又在澧下，太下了。"[2]

关于潮汐问题，东汉王充早有讨论，他说："涛之起也，随月盛衰，大小满损不齐同。"[3]认为潮汐现象与月亮盈亏密切相关。北宋余靖（字安道，谥曰襄，尊称"余襄公"）作《海潮图序》，指出："潮之涨退，海非增减。盖月之所临，则水往从之。日月右转，而天左旋，一日一周，临于四极。故月临卯酉，则水涨乎东西；月临子午，则潮平乎南北。彼竭此盈，从来不绝，皆系于月，不系于日。"[4]沈括也对潮汐做过深入的研究，指出："予常考其行节，每至月正临子午则潮生，候之万万无差。此以海上候之，得潮生之时。去海远即须据地理增添时刻。月正午而生者为'潮'，则正子而生者为'汐'；正子而生者为'潮'，则正午而生者为'汐'。"[5]朱熹赞赏余靖的说法，指出：

> 潮汐之说，余襄公言之尤详。大抵天地之间东西为纬，南
> 北为经，故子午卯酉为四方之正位，而潮之进退以月至此位为
> 节耳。以气之消息言之，则子者阴之极而阳之始，午者阳之极
> 而阴之始，卯为阳中，酉为阴中也。[6]

同时，朱熹也推崇沈括的观点，说：

> 潮之迟速大小自有常。旧见明州人说，月加子午则潮长，
> 自有此理。沈存中《笔谈》说亦如此。

① （宋）黎靖德：《朱子语类》（五）卷七十九，中华书局，1986年，第2026页。
② （宋）黎靖德：《朱子语类》（五）卷七十九，中华书局，1986年，第2027页。
③ 黄晖：《论衡校释》（一）卷四《书虚篇》，中华书局，1990年，第186页。
④ （清）俞思谦：《海潮辑说》卷上《潮原》，清朝嘉庆间艺海珠尘本。
⑤ （宋）沈括：《补笔谈》卷二《象数》，胡道静：《梦溪笔谈校正》（下），上海古籍出版社，1987年，第931页。
⑥ （宋）朱熹：《晦庵先生朱文公文集》卷五十八《答张敬之》（一），四部丛刊初编。

陆子静谓潮是子午月长，沈存中《续笔谈》之说亦如此，
　　谓月在地子午之方，初一卯，十五酉。①

　　应当说，朱熹对自然界事物有很大的兴趣，并且做过深入的研究。
尽管从现代自然科学的角度看，朱熹对于自然界事物的研究既缺乏严格
而精确的科学实验和观察，又缺少严密而深入的逻辑分析和推理，很难
被认作是一种科学的研究。但是，从中国古代科技的发展看，朱熹通过
自己的不懈努力，的确取得了一定水平的研究成果，其中某些成果代表
了当时的科学水平。因此，他的自然研究在一定程度上可以被视作古代
意义上的科学研究，应当成为中国古代科技的重要组成部分，而事实上
他的自然研究也已经或多或少地受到了中国科技史家的重视和认可。

---

① （宋）黎靖德：《朱子语类》（一）卷二，中华书局，1986年，第28页。

朱熹在其学术生涯中，不仅广泛地研究自然界事物，形成了一些有价值的科学思想，而且还通过各种途径传播自然知识和科学思想。他或是通过传注儒家经典，或是通过授徒讲学，在传播儒家思想的同时，对儒家经典中所涉及的自然知识和科学思想作了进一步的阐释和丰富。而且，他还在任地方官期间，通过所颁发的各种"劝农文"，大力传播农学知识，促进农业生产。

一、传注经典中的自然知识传播

儒家经典中包含着丰富的自然知识。《尚书》中的《尧典》和《禹贡》，《礼记》中的《月令》，《大戴礼记》中的《夏小正》是儒家经典中重要的科技著作。此外，《诗经》《周礼》中也包含着丰富的自然知识。朱熹一生以诠释儒家经典、弘扬儒家思想为己任。需要指出的是，在传注儒家经典时，他对其中的科技著作以及所内含的科技知识也作了详细注释。实际上，这在一定范围内起了传播自然知识的作用。

朱熹对《尧典》，尤其是对其中有关天文学的内容，做过深入的研究和详细的注释。对于《尧典》所言"日短星昴，以正仲冬"，朱熹注曰：

> 尧冬至日在虚，昏中昴，今日在斗，昏中壁，而中星古今不同者，盖天有三百六十五度四分度之一，岁有三百六十五日四分日之一，天度四分之一而有余，岁日四分之一而不足，故天度常平运而舒，日运常内转而缩，天渐差而西，岁渐差而东，此即岁差之由。唐一行所谓"岁差者，日与黄道俱差"者是也。古历简易，未立差法，但随时占候修改，以与天合。至

东晋虞喜，始以天为天，以岁为岁，乃立差法，以追其变，约以五十年而退一度。何承天以为大过，乃倍其年，而又反不及。至隋刘焯取二家中数为七十五年，盖为近之，而亦未为精密也。①

这里阐述了"岁差"产生的原因，以及历代历法家的研究及其不足。对于《尧典》所言"期三百有六旬有六日，以闰月定四时成岁"，朱熹注曰：

天体至圆，周围三百六十五度四分度之一，绕地左旋，常一日一周而过一度。日丽天而少迟，一日绕地一周无余而常不及天一度，积三百六十五日九百四十分日之二百三十五而与初躔会，是一岁日行之数也。月丽天而尤迟，一日常不及天十三度十九分度之七，积二十九日九百四十分日之四百九十九而与日会；十二会，得全日三百四十八，余分之积五千九百八十八，如日法，九百四十而一，得六，不尽三百四十八，通计得日三百五十四九百四十分日之三百四十八，是一岁月行之数也。岁有十二月，月有三十日。三百六十者，岁之常数也。故日行而多五日九百四十分日之二百三十五者为气盈，月行而少五日九百四十分日之五百九十二者为朔虚，合气盈、朔虚而闰生焉。故一岁闰率，则十日九百四十分日之八百二十七。三岁一闰，则三十二日九百四十分日之六百单一。五岁再闰，则五十四日九百四十分日之三百七十五。十有九岁七闰，则气朔分齐，是为一章也。②

这段注释详细阐述了历法中的置闰之法以及置闰的原因。根据朱熹的注释：

①②（宋）朱熹：《晦庵先生朱文公文集》卷六十五《尚书·尧典》，四部丛刊初编。

天体一周： $365\dfrac{1}{4}$

一岁日行之数： $365\dfrac{235}{940}$

一岁月行之数： $365\dfrac{235}{940} \div (13\dfrac{7}{19} - 1) \times 12 = 29\dfrac{499}{940} \times 12$

$$= 348\dfrac{5988}{940} = 354\dfrac{348}{940}$$

气盈： $365\dfrac{235}{940} - 30 \times 12 = +5\dfrac{235}{940}$

朔虚： $354\dfrac{348}{940} - 30 \times 12 = -5\dfrac{592}{940}$

岁差： $5\dfrac{235}{940} + 5\dfrac{592}{940} = 10\dfrac{827}{940}$

三年： $10\dfrac{827}{940} \times 3 = 32\dfrac{601}{940}$

五年： $10\dfrac{827}{940} \times 5 = 54\dfrac{375}{940}$

十九年七闰： $10\dfrac{827}{940} \times 19 = 206\dfrac{673}{940}$ ； $206\dfrac{673}{940} \div 29\dfrac{499}{940} = 7$

这就是所谓"十有九岁七闰"。接着，朱熹还说：

111

故积之三年而不置闰，则春之一月入于夏，而时渐不定矣；子之一月入于丑，而岁渐不成矣。积之之久，至于三失闰，则春皆入夏而时全不定矣；十二失闰，则子皆入丑而岁全不成矣。盖其名实乖戾，寒暑反易，既为可笑，而农桑庶务皆失其时，为害尤甚。故必以余置闰，而后四时不差而岁功得成。①

《尚书·禹贡》是古代重要的地理著作，李约瑟称之为"中国历史上最早出现的自然地理考察著作"②。对于《禹贡》，朱熹虽然没有直接为之作注，但有过很深入的研究，并撰重要论文《九江彭蠡辨》。晚年，朱熹嘱托弟子蔡沈作《书经集传》，除收入了朱熹注《尧典》的内容，还吸收了朱熹研究《禹贡》的成果。《禹贡》对夏禹所划分的冀、兖、青、徐、扬、荆、豫、梁、雍等九州的水利工程、河流水文、土壤情况、植被情况以及水路通道等作了概要性的描述；此外，还描述了四条由西向东延伸的山列和九条大河的来龙去脉。蔡沈《书经集传》在传注《禹贡》时运用了许多古代科技知识。比如，注冀州"厥土惟白壤"时，该书指出："汉孔氏曰：'无块曰壤。'颜氏曰：'柔土曰壤。'夏氏曰：'《周官》大司徒辨十有二壤之物而知其种，以教稼穑树艺。以土均之法辨五物、九等，制天下之地征。则夫教民树艺与因地制贡固不可不先于辨土也。然辨土之宜有二，白以辨其色，壤以辨其性也。盖草人粪壤之法，驿刚用牛，赤缇用羊，坟壤用麋，渴泽用鹿。粪治田畴，各因色性而辨其所当用也。'"③当然，对于《禹贡》中的一些与真实情况不相符合的描述，《书经集传》则根据事实做出详细的分析，并予以纠正。比如《禹贡》说："嶓冢导漾，东流为汉。又东为沧浪之水，过三澨，至于大别，南入于江，东汇泽为彭蠡，东为北江入于

---

① （宋）朱熹：《晦庵先生朱文公文集》卷六十五《尚书·尧典》，四部丛刊初编。
② （英）李约瑟：《中国科学技术史》第五卷《地学》，科学出版社，1976年，第14页。
③ （宋）蔡沈：《书经集传》卷二《禹贡》，文渊阁四库全书。

海。"这里的彭蠡，即鄱阳湖。《禹贡》认为，彭蠡的水源自长江以北的汉水。对此，朱熹的《九江彭蠡辨》指出："彭蠡之为泽也，实在大江之南……彭蠡之所以为彭蠡者，初非有所仰于江、汉之汇而后成也。不惟无所仰于江、汉，而众流之积，日逼日高，势亦不复容江、汉之来入矣"。而且，"汉水自汉阳军大别山下南流入江，则其水与江混而为一，至此已七百余里矣"。① 《书经集传》也说："彭蠡，古今记载皆谓今之鄱。然其泽在江之南，去汉水入江之处已七百余里……且鄱合数州之流，猪（潴）而为泽，泛溢壅遏，初无仰于江、汉之汇而后成也。不惟无所仰于江、汉，而众流之积日逼月高、势亦不复容江汉之来入矣。今湖口横渡之处，其北则江、汉之浊流，其南则鄱之清涨。不见所谓汉水汇泽而为彭蠡者。"②

如前所述，朱熹的《仪礼经传通解》收入了《尧典》以及《礼记》中的《月令》、《大戴礼记》中的《夏小正》。重要的是，朱熹还在前人注释的基础上，作了进一步解释，使之更为丰富。这无疑是对儒家经典中的科技著作和自然知识的传播。

《诗经》是中国古代最早的诗歌总集，但其中不少诗篇反映了当时的自然知识，涉及物候知识、动植物知识、地学知识、天文知识等。朱熹对《诗经》作过深入研究，并作《诗集传》，尤其是对其中的自然知识作了进一步的阐释和丰富。比如，朱熹注"南山有枸，北山有楰"曰："枸，枳枸，树高大似白杨，有子著枝端，大如指，长数寸，噉之甘美如饴，八月熟。亦名木蜜。楰，鼠梓，树叶木理如楸，亦名苦楸。"③ 注"七月流火，九月授衣"曰："'七月'，斗建申之月，夏之七月也……'流'，下也。'火'，大火也；以六月之昏加于地之南方，至七月之昏则下而流矣。'九月'，霜降始寒，而蚕绩之功亦成，故授人以衣使御寒也。"① 注"十月之交，朔月辛卯。日有食之，亦孔

---

① （宋）朱熹：《晦庵先生朱文公文集》卷七十二《九江彭蠡辨》，四部丛刊初编。

② （宋）蔡沈：《书经集传》卷二《禹贡》，文渊阁四库全书。

③ （宋）朱熹：《诗集传》卷九，四部丛刊三编。

之丑。彼月而微，此日而微。今此下民，亦孔之哀"曰："'十月'，以夏正言之，建亥之月也。'交'，日月交会，谓晦朔之间也。历法，周天三百六十五度四分度之一，左旋于地，一昼一夜则其行一周而又过一度。日月皆右行于天，一昼一夜则日行一度，月行十三度十九分度之七，故日一岁而一周天，月二十九日有奇而一周天，又逐及于日而与之会。一岁凡十二会，方会则月光都尽而为晦。已会则月光复苏而为朔。朔后晦前各十五日。日月相对，则月光正满而为望，晦朔而日月之合，东西同度，南北同道，则月掩日而日为之食。望而日月之对，同度同道，则月亢日而月为之食。是皆有常度矣。"②

图5—1

朱熹重视《周礼》，对其中所涉及的自然知识作了进一步的阐释。比如，朱熹传注《周礼》所谓"日至之景，尺有五寸，谓之地中"，引郑玄注曰："景尺有五寸者，南戴日下万五千里，地与星辰四游升降于三万里之中，是以半之得地之中也。畿方千里，取象于日一寸为正……郑司农云：土圭之长，尺有五寸，以夏至之日立八尺之表，其景适与土圭等，谓之地中。今颍川阳城地为然。"并且指出："自唐以来，以浚仪岳台晷景为地中。"③

---

① （宋）朱熹：《诗集传》卷八，四部丛刊三编。
② （宋）朱熹：《诗集传》卷十一，四部丛刊三编。
③ （宋）朱熹：《仪礼经传通解·仪礼集传集注》卷二十九《王朝礼六》，文渊阁四库全书。

　　朱熹特别重视"四书"，认为"四书"乃"'六经'之阶梯"。①需要指出的是，在注释"四书"时，朱熹也纳入了不少自然知识。比如：

　　朱熹注《中庸》"夫政也者，蒲卢也"曰："蒲卢，沈括以为蒲苇是也。以人立政，犹以地种树，其成速矣，而蒲苇又易生之物，其成尤速也。"②又注《中庸》"上律天时，下袭水土"曰："律天时者，法其自然之运。袭水土者，因其一定之理。"③

　　朱熹注《论语》"为政以德，譬如北辰，居其所，而众星共之"，曰："政之为言正也，所以正人之不正也。德之为言得也，得于心而不失之谓也。北辰，北极，天之枢也。居其所，不动也。共，向也，言众星四面旋绕而归向之也。为政以德，则无为而天下归之，其象如此。"④又注《论语》"子曰：'行夏之时……'"曰："夏时，谓以斗柄初昏建寅之月为岁首也。天开于子，地辟于丑，人生于寅，故斗柄建此三辰之月，皆可以为岁首。而三代迭用之，夏以寅为人正，商以丑为地正，周以子为天正也。"⑤

　　朱熹注《孟子》"不违农时，谷不可胜食也；数罟不入洿池，鱼鳖不可胜食也"曰："农时，谓春耕、夏耘、秋收之时。凡有兴作，不违此时，至冬乃役之也……古者网罟必用四寸之目，鱼不满尺，市不得粥，人不得食。"⑥又注《孟子》"天之高也，星辰之远也，苟求其故，千岁之日至，可坐而致也"曰："天虽高，星辰虽远，然求其已然之迹，则其运有常。虽千岁之久，其日至之度，可坐而得。况于事物

①（宋）黎靖德：《朱子语类》（七）卷一百五，中华书局，1986年，第2629页。
②（宋）朱熹：《四书章句集注·中庸章句》，《朱子全书》第六册，上海古籍出版社等，2002年，第44页。
③（宋）朱熹：《四书章句集注·中庸章句》，《朱子全书》第六册，上海古籍出版社等，2002年，第55页。
④（宋）朱熹：《四书章句集注·论语集注》，《朱子全书》第六册，上海古籍出版社等，2002年，第74页。
⑤（宋）朱熹：《四书章句集注·论语集注》，《朱子全书》第六册，上海古籍出版社等，2002年，第205页。
⑥（宋）朱熹：《四书章句集注·孟子集注》，《朱子全书》第六册，上海古籍出版社等，2002年，第249页。

之近，若因其故而求之，岂有不得其理者，而何以穿凿为哉？必言日至者，造历者以上古十一月甲子朔夜半冬至为历元也。"①

当然，在"四书"、"五经"中，所涉及的自然知识只是很少的一部分。朱熹在传注时对这部分自然知识的深入阐释和丰富，尽管做出了很大的努力，但又是很有限的。然而，这样的努力，对于自然知识传播，无疑具有一定的作用，故而难能可贵。

重要的是，朱熹所传注的儒家经典后来成为科举考试的官方教材。明初，朝廷"颁科举定式，初场试《四书》义三道，经义四道。《四书》主朱子《集注》，《易》主程《传》、朱子《本义》，《书》主蔡氏《传》及古注疏，《诗》主朱子《集传》，《春秋》主左氏、公羊、谷梁三传及胡安国、张洽传，《礼记》主古注疏"。②正因为如此，朱熹传注"四书"、"五经"所纳入其中的自然知识和科学思想能够得到广泛的传播。

二、授徒讲学中的自然知识传播

朱熹不仅传注儒家经典，而且还建书院，授徒讲学，并在教学中传播自然知识和科学思想。《朱子语类》是朱熹与其弟子问答的语录汇编，以讲述"四书"、"五经"为主，并且还包括哲学、历史、政治等专题。其中也有师徒之间就某些有关自然知识问题所进行的问答，反映了朱熹在授徒讲学中对于自然知识和科学思想的传播。

如前所述，《周礼》涉及古代的科技知识。对于其中所谓大司徒"以土圭之法测土深、正日景，以求地中"，以及所说"日南则景短多暑，日北则景长多寒，日东则景夕多风，日西则景朝多阴。日至之景，

---

① （宋）朱熹：《四书章句集注·孟子集注》，《朱子全书》第六册，上海古籍出版社等，2002年，第362～363页。
② （清）张廷玉等：《明史》（六）卷七十《选举二》，中华书局，1974年，第1694页。

尺有五寸，谓之地中"，朱熹与其弟子多有讨论。据《朱子语类》载：

> 大司徒以土圭求地中，今人都不识土圭，郑康成解亦误。
> 圭，只是量表影底尺，长一尺五寸，以玉为之。夏至后立表，
> 视表影长短，以玉圭量之。若表影恰长一尺五寸，此便是地之
> 中。晷长则表影短，晷短则表影长。冬至后，表影长一丈三尺
> 余。今之地中，与古已不同。汉时阳城是地之中，本朝岳台是
> 地之中，岳台在浚仪，属开封府。已自差许多。[①]

> 土圭之法，立八尺之表，以尺五寸之圭横于地下，日中则
> 景蔽于圭，此乃地中为然，如浚仪是也。今又不知浚仪果为地
> 中否？问："何故以八尺为表？"曰："此须用勾股法算之，

图5－2（选自清代董天工修纂《武夷山志》）

---

① （宋）黎靖德：《朱子语类》（六）卷八十六，中华书局，1986年，第2212页。

南北无定中，必以日中为中，北极则万古不易者也。北方地形尖斜，日长而夜短。骨里干国煮羊胛骨熟，日已出矣。至铁勒，则又北矣。极北之地，人甚少。所传有二千里松木，禁人斫伐。此外龙蛇交杂，不可去。女真起处有鸭绿江。传云，天下有三处大水：曰黄河，曰长江，并鸭绿是也。若以浚仪与颍川为中，则今之襄汉淮西等处为近中。"①

尝见季通云，日晷有差，如去一千里，则差一寸，到得极星却无差。其初亦自晓不得，后来仔细思之，日之中各自不同：如极东处，日午以前须短，日午以后须长；极西处，日午以前须长，日午以后须短，所以有差。故《周礼》以为："日北则景长，多寒；日南则景短，多暑；日东则景夕，多风；日西则景朝，多阴。"此最分晓。极星却到处视之以为南北之中了，所以无差。如凉伞然，中心却小，四檐却阔，故如此。某初疑其然，及将《周礼》来检看，方见得决然是如此。②

这里讨论了古代天文学的诸多问题，且详细而具体。问题是，《周礼》旨在对周王室及春秋战国时期各诸侯国官制进行综合，其中只是有些部分涉及少量的自然知识。然而，朱熹却对这些自然知识予以高度重视，并做出深入的分析研究，以至于能够在讲授《周礼》时对这些知识做出充分的阐释和发挥，不仅体现出他对于自然知识的兴趣和重视，而且还反映出他讲授《周礼》的独特风格以及对于儒家经典的多角度阐释。同时正是在这样的教学过程中，朱熹既传授了儒家经典，又传播着自然知识。

《周易·乾·象》曰："天行健，君子以自强不息。"据《朱子语类》载：

问："天行健。"曰："胡安定说得好。其说曰：'天

---

① （宋）黎靖德：《朱子语类》（六）卷八十六，中华书局，1986年，第2214页。
② （宋）黎靖德：《朱子语类》（六）卷八十六，中华书局，1986年，第2214～2215页。

者，乾之形；乾者，天之用。天形苍然，南极入地下三十六度，北极出地上三十六度，状如倚杵。其用则一昼一夜，行九十余万里，人一呼一吸为一息，一息之间，天行已八十余里。人一昼一夜有万三千六百余息，故天行九十余万里。天之行健可知，故君子法之以自强不息云。'"因言："天之气运转不息，故阁得地在中间。"铢未达。先生曰："如弄碗珠底，只恁运转不住，故在空中不坠。少有息，则坠矣。"①

宋初理学家胡瑗（字翼之，学者称安定先生）在易学上颇有研究，撰《周易口义》。从以上引述可以看出，胡瑗在阐释《周易》"天行健，君子以自强不息"时，对天的运行作了定量化的论述。朱熹不仅赞同这样的阐释，而且还进一步将自己所提出的地以"气"的运转不息而悬空于宇宙之中的宇宙结构说贯穿其中；当他的弟子董铢（字叔重）不能明白其中的含义时，他还以一种被称为"椀珠"的杂技，即用长竿顶着碗，碗在长竿上不停旋转而不下坠，加以形象化的说明。

《论语》载孔子曰："为政以德，譬如北辰，居其所，而众星共之。"据《朱子语类》载：

> 问："'北辰，北极也'。不言'极'，而言'辰'，何义？"曰："辰是大星。"又云："星之界分，亦谓之辰，如十二辰是十二个界分。极星亦微转，只是不离其所，不是星全不动，是个伞脑上一位子不离其所。"因举《晋志》云："北极五星。天运无穷，三光迭耀，而极星不移。""故曰：'居其所而众星共之。'"②

> 安卿问北辰。曰："北辰是那中间无星处，这些子不动，是天之枢纽。北辰无星，缘是人要取此为极，不可无个记认，故就其傍取一小星谓之极星。这是天之极纽，如那门笋子样，

---

① （宋）黎靖德：《朱子语类》（五）卷六十八，中华书局，1986年，第1702页。
② （宋）黎靖德：《朱子语类》（二）卷二十三，中华书局，1986年，第534页。

又似个轮藏心，藏在外面动，这里面心都不动。"义刚问：
"极星动不动？"曰："极星也动。只是它近那辰后，虽动而
不觉。如那射糖盘子样，那北辰便是中心桩子。极星便是近桩
底点子，虽也随那盘子转，却近那桩子，转得不觉。今人以管
去窥那极星，见其动来动去，只在管里面，不动出去。向来人
说北极便是北辰，皆只说北极不动。至本朝人方去推得是北极
只是北辰头边，而极星依旧动。又一说，那空无星处皆谓之
辰……"又曰："天转，也非东而西，也非循环磨转，却是侧
转。"义刚言："楼上浑仪可见。"曰："是。"①

问："北辰是甚星？《集注》以为'北极之中星，天之
枢也'。上蔡以为'天之机也。以其居中，故谓之北极。以其
周建于十二辰之舍，故谓之北辰'。不知是否？"曰："以上
蔡之明敏，于此处却不深考。北辰，即北极也。以其居中不动
而言，是天之枢轴。天形如鸡子旋转，极如一物，横亘居中，
两头称定。一头在北上，是为北极，居中不动，众星环向也。
一头在南，是为南极，在地下，人不可见。"因举先生《感兴
诗》云："感此南北极，枢轴遥相当。"②

《论语》这段旨在论述孔子所谓"为政以德"的语录，在朱熹与其
弟子之间的问答中，却较多地作了天文学的阐释：先是对"譬如北辰"
的"辰"做出解释，进而讨论"北辰"，即天之北极，以及与北极星的
关系，而且还讨论了"极星动不动"、天球侧转、南极等诸多天文学问
题。这种对于儒家经典的解读，在当今的学科分类中，是属于文科还是
理科，是伦理学还是天文学，我们不得而知。但是，对于传播自然知
识、提高对自然知识的兴趣，无疑具有积极的促进作用。

事实上，在《朱子语类》中，类似这样涉及自然知识的答问还有

① （宋）黎靖德：《朱子语类》（二）卷二十三，中华书局，1986年，第534～535页。
② （宋）黎靖德：《朱子语类》（二）卷二十三，中华书局，1986年，第535页。

不少，很能反映朱熹在授徒讲学中，不完全只是阐述和传播儒家经典中的道德、政治思想，同时也向弟子传播其中所内含的自然知识和科学思想。由此可见，朱熹的授徒讲学虽然讲授的是儒家经典，但也包含了对于自然知识和科学思想的传播，而不只是单纯的道德教育。至此，我们或许可以明白，为什么在以儒家经典及其道德教化为主导的中国古代文化背景中，科学技术仍然可以得到迅速的发展，"并在公元3世纪到13世纪之间保持一个西方所望尘莫及的科学知识水平"。[①]

朱熹不仅在授徒讲学中传播自然知识和科学思想，如前所述，朱熹还曾托蔡元定父子编校《步天歌》。《步天歌》将整个天空分为三垣二十八宿，共三十一个天区，分别用三十一段七言押韵诗歌表达各个天区所包含星官的名称、星数和位置，而且每个天区配有星图，图诗并茂，简洁通俗，被中国科学史家称为"优秀的科学诗歌作品"。[②]

朱熹是否编撰过涉及科学知识的课本教材？《四库全书》收录有《家山图书》，《四库全书总目·家山图书》指出：《家山图书》"不著撰人名氏。《永乐大典》题为朱子所作。今考书中引用诸说，有文公家礼，且有朱子之称，则非朱子手定明矣。钱曾《读书敏求记》曰：《家山图书》，晦庵私淑弟子之文，盖逸书也……其书先图后说，根据《礼经》，依类标题，词义明显。自入学以至成人，序次冠、昏、丧、祭、宾、礼、乐、射、御、书、数诸仪节，至详且备。"[③]可见，这是朱门的一部内容丰富的教科书。该书"九数算法之图"一节，列若干几何图形，并附算术题：

圆径：圆者，"〇"也。径者，"丨"也，须打圆圈，都量有三，则其径有一，如圆有三寸，则径一寸也。余仿此推。

方斜：方者，"口"也，斜者，"／"也，四方各量有五，

---

① （英）李约瑟：《中国科学技术史》第一卷《总论》，科学出版社，1975年，第3页。
② 杜石然等：《中国科学技术史稿》（上册），科学出版社，1982年，第334页。
③ （清）永瑢、纪昀等：《四库全书总目》卷九十二《子部·儒家类二·家山图书》，文渊阁四库全书。

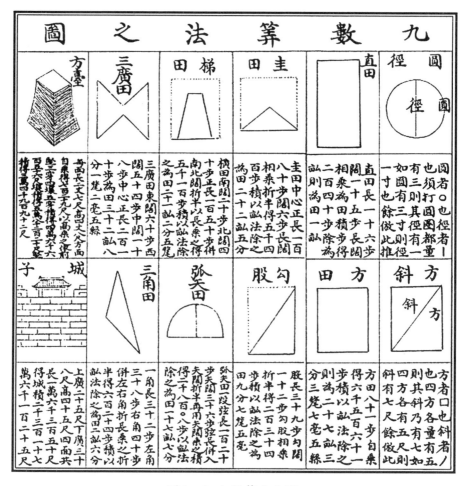

图5-3 九数算法之图

则其斜乃有七；如四方各有五尺，则斜有七尺。余仿此推。

直田：直田长一十六步，阔一十五步。长阔相乘，为田积步，得二百四十步，除为亩，则为田一亩。

方田：方田八十一步，自乘得六千五百六十一步积，以亩法除之，则为二十七亩三分三厘七毫五丝。

圭田：圭田中心正长一百八十步，阔六十步。长阔相乘，折半得五千四百步积。以亩法除之，为田二十二亩五分。

勾股：股长三十九步，勾阔一十二步。勾股相乘折半得二百三十四步积。以亩法除之，为田九分七厘五毫。

梯田：梯田南阔二十步，北阔四十步，正长一百五十步。并南北阔。折半，以长乘之，得五千一百步积。以亩法除之，为田二十一亩二分五厘。

弧矢田：弧矢田一段，弦长一百二十步，矢阔三十六步。弦长并入矢阔折半，再用矢阔乘之，积得二千八百〇八步。以亩法除之，为田一十七亩七分。

三广田：三广田，东阔六十步，西阔五十四步，中阔一十八步，中心正长二百一十步，为田三十二亩八分一厘二毫五丝。

三角田：一角长三十二步，左角三十八步，右角四十步，并左右角折长乘之，折半得六百二十四步积，以亩法除之，为田二亩六分。

方台：每面长二丈七尺，高四丈八尺，方面自乘得七百二十九尺，以高乘之，依前坚三，穿四，壤五。穿积得四万六千六百五十六尺，壤积得五万八千二百二十尺。坚积得三万四千九百九十二尺。

城子：上广二十五尺，下广三十八尺，高四十五尺，四面共长一万六千三百五十尺，得城积二千三百一十七万六千一百二十五尺。①

显然，这是算学教育所使用的教材。对此，中国数学史家李俨很早就做过叙述。②这至少说明朱熹一派注重科技知识的教育与传播。

---

① 《家山图书》，文渊阁四库全书。
② 李俨：《中算史论丛》（第四册），科学出版社，1955年，第267～270页。

朱熹在授徒讲学中注重自然知识的传播，对后世影响很大。朱熹后学王应麟（字伯厚，号深宁）所撰蒙学读物《小学绀珠》，分《天道类》《律历类》《地理类》《人伦类》《艺文类》《历代类》《圣贤类》《名臣类》《氏族类》《职官类》《治道类》《制度类》《器用类》《儆戒类》《动植类》等。其中《天道类》涉及天文学的许多基本概念，《律历类》涉及历法的基本概念，《地理类》包含了地理学的基本概念，《动植类》包含了动植物学以及农学方面的知识。此外，《艺文类》也包含了不少自然知识。[①]

三、"劝农文"对农学知识的传播

　　朱熹重视农业。他说："窃惟民生之本在食，足食之本在农，此自然之理也。"[②]又说："契勘生民之本，足食为先。是以国家务农重谷，使凡州县守倅皆以劝农为职……盖欲吾民衣食足而知荣辱，仓廪实而知礼节，以共趋于富庶仁寿之域，德至渥也。"[③]认为农业是治国生民之本，劝农是各地方官员之职。他还说："若夫农之为务，用力勤，趋事速者，所得多；不用力，不及时者，所得少，此亦自然之理也。"[④]为此，朱熹重视农业科技，并且指出："耕犁种莳既不及时，耘耨培粪又不尽力，陂塘灌溉之利废而不修，桑柘麻苎之功忽而不务，此所以营生足食之计大抵疏略，是以田畴愈见瘦瘠，收拾转见稀少。"[⑤]认为不能运用科技有效地从事农业生产，就会造成田地贫瘠，粮食歉收。他甚至还把农业科技也纳入他的理学体系之中，指出："虽草木亦有理存焉。一草一木，岂不可以格。如麻麦稻粱，甚时种，甚时

① 乐爱国：《宋代的儒学与科学》，中国科学技术出版社，2007年，第146～147页。
②④⑤（宋）朱熹：《晦庵先生朱文公文集》卷九十九《劝农文》（二），四部丛刊初编。
③（宋）朱熹：《晦庵先生朱文公文集》卷一百《劝农文》，四部丛刊初编。

收，地之肥，地之硗，厚薄不同，此宜植某物，亦皆有理。"①认为农作物的生长及种植有其自然规律，这就是理，所以要"格"，要研究农业科技。他还说："小道不是异端，小道亦是道理，只是小。如农圃、医卜、百工之类，却有道理在，只一向上面求道理便不通了。"②认为研究农业科技，尽管只是"小道"，但"却有道理在"，所以要在"大道"的基础上加以研究。

淳熙六年（1179年），朱熹知南康军。到任后，他便深入田间地头研究农事，分析情况。他说："当职久处田间，习知穑事，兹忝郡寄，职在劝农，窃见本军已是地瘠税重，民间又不勤力耕种，耘耨卤莽灭裂，较之他处大段不同。所以土脉疏浅，草盛苗稀，雨泽稍愆，便见荒歉，皆缘长吏劝课不勤，使之至此。"③十二月，他颁发《劝农文》，提出各项要求，主要有：一、"大凡秋间收成之后，须趁冬月以前，便将户下所有田段一例犁翻，冻令酥脆。至正月以后，更多著遍数，节次犁杷，然后布种"；二、"耕田之后，春间须是拣选肥好田段，多用粪壤拌和种子，种出秧苗。其造粪壤，亦须秋冬无事之时，预先划取土面草根，晒曝烧灰，旋用大粪拌和，入种子在内，然后撒种"；三、"秧苗既长，便须及时趁早栽插，莫令迟缓，过却时节"；四、"禾苗既长，秆草亦生，须是放干田水，子细辨认，逐一拔出，踏在泥里，以培禾根。其塍畔斜生茅草之属，亦须节次芟削，取令净尽，免得分耗土力，侵害田苗"；五、"山原陆地，可种粟麦麻豆去处，亦须趁时竭力耕种，务尽地力"；六、"陂塘之利，农事之本，尤当协力兴修"；七、"桑麻之利，衣服所资。切须多种桑柘麻苎，妇女勤力养蚕织纺，造成布帛。其桑木每遇秋冬，即将旁生拳曲小枝尽行斩削，务令大枝气脉全盛，自然生叶厚大，喂蚕有力"。④可见，朱熹的"劝农文"不仅在于劝民勤奋务农，而且还有具体的操作方法，其中包含了对于农业科

---

① （宋）黎靖德：《朱子语类》（二）卷十八，中华书局，1986年，第420页。

② （宋）黎靖德：《朱子语类》（四）卷四十九，中华书局，1986年，第1200页。

③④（宋）朱熹：《晦庵先生朱文公文集》卷九十九《劝农文》（一），四部丛刊初编。

技知识的传播。

朱熹知南康军期间颁发了不少"劝农文"，除了淳熙六年十二月的《劝农文》，稍后又颁发《劝谕筑埂岸》《申谕耕桑榜》《辛丑劝农文》《劝农民耘草粪田榜》《劝谕趁时请地种麦榜》《再劝修筑陂塘》等。此外，绍熙元年（1190年），朱熹知漳州，于绍熙三年（1192年）二月也颁发了《劝农文》。这些"劝农文"都包含了有关的农业科技知识，大致有以下几个方面：

第一，深耕细耙，改良土壤。朱熹非常重视土壤的深厚对农作物生长的重要性。他分析南康军土壤贫瘠的原因时说："本军田地跷埆，土肉厚处不及三、五寸，设使人户及时用力，以治农事，犹恐所收不及他处。"①他还认为，正是由于"土脉疏浅"，因此土壤的保水性能差，"雨泽稍愆，便见荒歉"。所以，他主张要深耕。朱熹还认为，土壤既要深耕还要反复耙犁，使生土变为熟土；还说："自然田泥深熟，土肉肥厚，种禾易长，盛水难干。"②他认为，经过秋天的深耕和初春的犁耙，土壤深熟肥厚，有利于农作物的生长。在当时，耕牛是犁耙的重要工具，因此，朱熹提出要保护耕牛。他说："耘犁之功，全藉牛力。切须照管，及时喂饲，不得辄行宰杀，致妨农务。"③为此，他还具体规定了宰杀耕牛的处罚办法。

第二，适时播种，不误农时。朱熹非常重视农时。他在知南康军期间，每逢春播时节，他都要事先颁发《劝农文》，要求农民及时播种。淳熙七年（1180年）二月，他在南康军先是"印给劝农文榜，并先来劝谕耕种田土、劝课农桑及星子知县王文林种桑等法文榜"，接着，"据王文林申到劝谕种田方法，尤为详细"，后又颁《申谕耕桑榜》，"晓示乡村人户，仰递相劝谕，依此方法及时耕种"④。可见他对农时之重视。他还在绍熙三年二月的《劝农文》中说道："今来春气已中，土膏

① （宋）朱熹：《晦庵先生朱文公文集》卷九十九《劝农文》（二），四部丛刊初编。
② （宋）朱熹：《晦庵先生朱文公文集》卷九十九《劝农文》（一），四部丛刊初编。
③ （宋）朱熹：《晦庵先生朱文公文集》卷一百《劝农文》，四部丛刊初编。
④ （宋）朱熹：《晦庵先生朱文公文集·别集》卷九《申谕耕桑榜》，四部丛刊初编。

脉起，正是耕农时节，不可迟缓。仰诸父老教训子弟，递相劝率，浸种下秧，深耕浅种。趋时早者所得亦早，用力多者所收亦多，无致因循，自取饥饿。"①认为是否及时播种直接关系到收成的好坏。而且秧苗长成时，也须及时栽插，所谓"秧苗既长，便须及时趁早栽插，莫令迟缓，过却时节"，只有这样，才有可能获得好收成。

第三，多施基肥，适时追肥。南康军土地瘦瘠，且农民施肥又不尽力。针对这种情况，朱熹提出要多用粪肥。为此，他提出"多用粪壤拌和种子"。所谓"粪壤"，就是用草木灰与大粪混合。而且，朱熹还十分重视农作物生长时的追肥。在某年六月份颁发的《劝农民耘草粪田榜》中，朱熹说道："雨水调匀，田苗茂盛，仰人户及时耘苗，拔去草根，多用土粪，如法培加。"②督促农民及时除草追肥，并要求对"田中有草无粪之人"加以惩罚。

第四，加强田间管理。田间管理是农业生产的重要一环，而除草是其中的一项。如前所述，朱熹在淳熙六年十二月的《劝农文》中指出"禾苗既长，秆草亦生，须是放干田水，子细辨认，逐一拔出，踏在泥里，以培禾根。其塍畔斜生茅草之属，亦须节次芟削，取令净尽，免得分耗土力，侵害田苗"，就是主张除草以肥田；"其桑木每遇秋冬，即将旁生拳曲小枝尽行斩削，务令大枝气脉全盛，自然生叶厚大，餧蚕有力"，则是主张秋冬时节要给桑树剪枝。

第五，注重兴修水利。农作物的生长离不开水，南方的水稻更是如此。因此，朱熹极力主张兴修水利。如前所述，他在淳熙六年十二月的《劝农文》中说过："陂塘之利，农事之本，尤当协力兴修。"而且还说："如有怠惰，不趁时工作之人，仰众列状申县，乞行惩戒；如有工力浩瀚去处，私下难以纠集，即仰经县自陈官为修筑。如县司不为措置。即仰经军投陈切待，别作行遣。"③在绍熙三年的《劝农文》中，

---

① （宋）朱熹：《晦庵先生朱文公文集》卷一百《劝农文》，四部丛刊初编。
② （宋）朱熹：《晦庵先生朱文公文集·别集》卷九《劝农民耘草粪田榜》，四部丛刊初编。
③ （宋）朱熹：《晦庵先生朱文公文集》卷九十九《劝农文》（一），四部丛刊初编。

朱熹还说："陂塘水利，农事之本。今仰同用水人叶力兴修，取令多蓄水泉，准备将来灌溉。如是干众，即时闻官，纠率人功，借贷钱本，日下修筑，不管误事。"①

第六，因地制宜，多种经营。朱熹非常强调因地制宜，根据各种不同土壤的状况，种植不同农作物。他说："种田固是本业，然粟豆麻麦、菜蔬茄芋之属，亦是可食之物。若能种植，青黄未交得以接济，不为无补。"②所以，如前所述，他主张"山原陆地，可种粟麦麻豆去处，亦须趁时竭力耕种，务尽地力"，以便能够在青黄未交之际，"有以接续饮食，不至饥饿"。③他还强调"桑麻之利，衣服所资。切须多种桑柘麻苎"，并且指出："蚕桑之务，亦是本业。而本州从来不宜桑柘，盖缘民间种不得法。今仰人户常于冬月多往外路买置桑栽，相地之宜，逐根相去一二丈间，深开窠窟，多用粪壤，试行栽种。待其稍长，即削去细碎拳曲枝条，数年之后，必见其利。如未能然，更加多种吉贝麻苎，亦可供备衣着，免被寒冻。"④

应当说，朱熹在"劝农文"中所包含的农业科技知识，与中国古代农业科技的精耕细作的优良传统是一致的。因此，这种对农业科技知识的传播，不仅有助于促进当时的农业生产，而且对于古代农业科技的发展也有一定的作用。

---

① ② ④（宋）朱熹：《晦庵先生朱文公文集》卷一百《劝农文》，四部丛刊初编。
③（宋）朱熹：《晦庵先生朱文公文集》卷九十九《劝农文》（一），四部丛刊初编。

朱熹理学在宋代末年之后成为官方哲学，影响中国社会近七百年。朱熹的自然研究也随之对后来中国科学技术的发展产生重要影响。他的天文学思想得到广泛流传；他的格物致知说对于科学的发展起了一定的积极作用；尤其是，他的"格物"概念经过历代学者的不断诠释，最终发展为"科学"概念。需要指出的是，朱熹的自然研究所包含的生态思想，强调以人与自然和谐为中心，至今仍有重要的价值。

一、天文学思想的流传与影响

如前所述，朱熹的自然研究，在诸多领域均有创见，尤其在宇宙论、天文学领域，最为突出。他的地以"气"的运转不息而悬空于宇宙之中、天有九重以及日月五星顺天左旋的观点对后世影响较大。

元代科学家赵友钦（字子恭，号缘督）撰《革象新书》。与朱熹一样，他也主张日月五星皆顺天左旋，指出："日月行于天，虽悬空而不附着天体，意其必须凭托天地之气。天体左旋，而气亦左旋，日月之行以绕地而言之，是见其左旋矣。"[1] 同时，赵友钦接受朱熹所谓太阳本身具有暗影而导致月食的说法，并且认为，月"所受日光伤于太盛，阳极反亢，以致月体黑暗"。[2]

元代学者史伯璿（字文玑，号牖岩）对天文学颇有研究。他所撰《管窥外篇》在论及天文时，对朱熹的言论多有引述，其中指出："天地是活物事。天以极健至劲之气运乎外，而束水与地于其中。地虽甚大

---

[1]（元）赵友钦：《革象新书》卷三《五纬距合》，文渊阁四库全书。
[2]（元）赵友钦：《革象新书》卷三《日月薄食》，文渊阁四库全书。

极重，然天之气亦未尝不行乎其中，地惟容受得天之气在内，故能浮于积水之上而不沉耳。"① 这与朱熹的宇宙结构理论是一致的。史伯璿也赞同日月五星皆顺天左旋，指出："天是动物，日月又是动物上动。天非有体，二十八宿与众经星即其体也。此二十八宿与众经星皆绕地左旋，一昼一夜适一周而又过一度，日月亦与之同运"；"日月五星亦是天象，不应独与众星背而右转，故以左旋为顺耳。"② 同时，史伯璿对朱熹关于月食形成的说法提出了质疑，指出："夫日光外照，无处不明。纵有暗处在内，亦但自暗于内而已，又安能出外射月，使之失明乎？"③

明末科学家方以智（字密之，号曼公）撰《物理小识》，其中引"邵子、朱子皆明地形浮空，兀然不坠"以批评"世士不考相传地浮水上、天包水外"之谬，并进一步说明"地体实圆在天之中"。④

明末清初的天文学家揭暄（字子宣）撰《璇玑遗述》，其中也吸取了朱熹的天文学思想。该书指出："天体浑圆，中心一丸，骨子是地。天以刚风，一日滚转一周，以运包此地。地亦圆形，虚浮，适天之最中，非有倚也。所倚者，周围上下，惟气耳。"⑤ 同时又说："朱子云：地居中央，惟天运转不息，故拶结许多渣滓而成地。夫地既可以拶结而居中，况水与人物皆附地而成形者，独不可以拶结而居中乎？此乃确乎不易之理。"⑥

与揭暄同时的天文学家游艺（字子六，号岱峰）撰《天经或问》，该书在回答地球何以"能浮空而不坠"时说："天虚昼夜运旋于外，地实确然不动于中也……天裹着地，运旋之气升降不息，四面紧塞不容展侧，地不得不凝于中以自守也。"⑦ 这里吸取了朱熹关于气的旋转支撑

①②③（元）史伯璿：《管窥外篇》卷上《杂辑》，文渊阁四库全书。

④（明）方以智：《物理小识》卷一《历类》，文渊阁四库全书。

⑤（清）揭暄：《璇玑遗述》卷二《天地悬处》，续修四库全书。

⑥（清）揭暄：《璇玑遗述》卷二《地圆》，续修四库全书。

⑦（清）游艺：《天经或问》卷二《地体》，文渊阁四库全书。

地球悬于空中的宇宙结构理论。在解释地震的原因时，该书又运用了朱熹的这一观点，说："地本气之渣滓聚成形质者，束于元气旋转之中，故兀然浮空而不坠，为极重亘中心以镇定也。"[1]在论及日月的旋转方向上，游艺主朱熹左旋之说，认为"天体本一而各政居有上下，然共一心同为一制，诸政皆左旋而有自行轮"，[2]并且明确指出："日月之行，宋儒言之甚详……进数自东行西为顺天而左，退数自西而东为逆天而右。"[3]

清代学者李光地（字晋卿，号厚庵）在所撰《御定星历考原》中指出："朱子曰：天包地外，地处天中，故天之形半覆地上，半绕地下，而左旋不息……则天诚浑圆地亦浑圆也。"[4]他还说："朱子言：'天不宜以恒星为体，当立有定之度数记之。天乃动物，仍当于天外立一太虚不动之天以测之。'此说即今西历之'宗动天'也。其言九层之天。近人者最和暖，故能生人物。远得一层，运转得较紧似一层，至第九层，则紧不可言。与今西历所云九层，一一吻合。"[5]显然，李光地还把朱熹的宇宙论与西方的宇宙论相等同。

清初历算家梅文鼎（字定九，号勿庵）撰《历学疑问》，其中《论左旋》多处引用朱熹有关宇宙结构的论述。问："天左旋，日月五星右旋，中西两家所同也。自横渠张子有俱左旋之说，而朱子蔡氏因之。近者临川揭氏、建宁游氏又以槽丸盆水譬之，此孰是而孰非？"曰："皆是也。七曜右旋自是实测，而所以成此右旋之度，则因其左旋而有动移耳。"这里虽然认为日月五星右旋之说与左旋之说"皆是也"，但明显更为推崇左旋之说。梅文鼎又说："然吾终谓朱子之言不易者，则以天有重数且……惟其天有重数，故能动移，惟其天之动移，皆顺黄道，斯七曜东移皆在黄道矣。是故左旋之理得重数之说而益明。"所以，他

---

[1]（清）游艺：《天经或问》卷四《地震》，文渊阁四库全书。
[2]（清）游艺：《天经或问》卷一，文渊阁四库全书。
[3]（清）游艺：《天经或问》卷二《日月右行》，文渊阁四库全书。
[4]（清）李光地等：《御定星历考原》卷一《象数本要·天地》，文渊阁四库全书。
[5]（清）李光地：《榕村语录 榕村续语录》（上），中华书局，1995年，第471页。

说："右旋者已然之故，而左旋者则所以然之理也。"甚至还说："朱子以轮载日月之喻，兼可施诸黄、赤，与西说之言层次者实相通贯。"①这里也把朱熹的日月运行说与西方的宇宙论等同起来。

二、格物致知说与科学发展

如前所述，朱熹的格物致知说要求格自然界事物，是以认为自然之物中存在着自然之理为前提的，是要通过格自然之物而穷得自然之理。这一思想对于后来的科学，尤其是数学和医学的发展，有着重要的影响。

（一）对数学的影响

朱熹之后的宋元数学家讲求通过数学的研究而达到对"道"的把握，这实际上是把朱熹的格物致知说运用于对数学的研究，而把数学研究看作是格物致知的过程。

宋代数学家秦九韶（字道古）撰《数书九章》，系统总结和发展了高次方程数值解法和一次同余组解法，提出了相当完备的"正负开方术"和"大衍求一术"，"达到了当时世界数学的最高水平"。②然而，他在《数书九章·序》中却大讲"道"、"理"，其中说道："昆仑磅礴，道本虚一。"又说："不寻天道，模袭何益？""去理益远，吁嗟不仁。"他还专门讨论了"数"与"道"的关系，明确提出"数与道非二本也"。他还认为，数学"大则可以通神明、顺性命，小则可以经世务、类万物"；不仅能够"推策以迎日，定律而和气，髀距浚川，土圭度晷"，而且能够用于"大衍、皇极"，解决"人事之变"，知晓

---

① （清）梅文鼎：《历算全书》卷二《历学疑问·论左旋》，文渊阁四库全书。
② 杜石然：《中国古代科学家传记》上集《秦九韶》，科学出版社，1992年，第641页。

"鬼神之情"。所以，他要通过研究数学，"进之于道"。①

元代数学家李冶（原名李治，字仁卿，号敬斋）撰《测圆海镜》，这是"我国现存最早的一部天元术著作"，"标志着天元术成熟，对后世有深远影响"，"是当时世界上第一流的数学著作"。②他在《测圆海镜·序》中指出："数本难穷，吾欲以力强穷之，彼其数不惟不能得其凡，而吾之力且惫矣。然则数果不可以穷耶？既已名之数矣，则又何为而不可穷也！故谓数为难穷斯可，谓数为不可穷斯不可。何则？彼其冥冥之中，固有昭昭者存。夫昭昭者，其自然之数也；非自然之数，其自然之理也。数一出于自然，吾欲以力强穷之，使隶首复生，亦未知之何也已。苟能推自然之理，以明自然之数，则虽远而乾端坤倪，幽而神情鬼状，未有不合者矣。"而且，他还担心自己研究数学被斥为"玩物丧志"，因而要求"由技进乎道"。③

元代数学家朱世杰（字汉卿，号松庭）撰《四元玉鉴》，论述多元高次方程组的求解和高阶等差级数等方面的问题，被美国科学史家萨顿称为"中国数学著作中最重要的一部，同时也是中世纪最杰出的数学著作之一"。④该书"卷首"说："凡习四元者，以明理为务；必达乘除升降进退之理，乃尽性穷神之学也。"⑤《四元玉鉴》"莫若前序"中更为明确地说："先生是书行将大用于世，有能执此以往，则古人格物致知之学，治国平天下之道，其在是矣。"⑥认为研究数学属于格物致知之学，可以把握治国平天下之道。

① （宋）秦九韶：《数书九章·序》（《数书九章》，又称《数学九章》，文渊阁四库全书）。

② 杜石然：《中国古代科学家传记》上集《李冶》，科学出版社，1992年，第632页。

③ （元）李冶：《测圆海镜·序》，《中国科学技术典籍通汇·数学卷（第一分册）》，河南教育出版社，1993年。

④ 转引自杜石然：《朱世杰研究》，《宋元数学史论文集》，科学出版社，1966年，第204页。

⑤ （元）朱世杰：《四元玉鉴·卷首》，《中国科学技术典籍通汇·数学卷（第一分册）》，河南教育出版社，1993年，第1208页。

⑥ （元）朱世杰：《四元玉鉴》"莫若前序"，《中国科学技术典籍通汇·数学卷（第一分册）》，河南教育出版社，1993年，第1205页。

    明清时期的数学家热衷于讨论"数"与"理"的关系。明代数学家朱载堉（字伯勤）说："大术士知数而未达其理，故失之浅；先儒明理而复善其数，故得之深……天运无端，惟数可以测其机；天道至玄，因数可以见其妙。理由数显，数自理出，理数可相倚而不可相违，古之道也。"①在他看来，数与理有着密切的联系，研究数学关键是要把握"理"。明清之际的历算家王锡阐（字寅旭，号晓庵）说："天学一家，有理而后有数，有数而后有法。然唯创法之人，必通于数之变，而穷于理之奥，至于法成数具，而理蕴于中。"②又说："天地始终之故，七政运行之本，非上智莫穷其理。然亦只能言其大要而已。欲求精密，则必以数推之，数非理也，而因理生数，即因数可以悟理。"③梅文鼎也说："历也者，数也。数外无理，理外无数。数也者，理之分限节次也。"④"历生于数，数生于理，理与气偕其中。"⑤"夫治理者，以理为归；治数者，以数为断，数与理协，中西非殊。"⑥这些对于"数"与"理"关系的讨论，无非是要从"数"之中达到对于"理"的把握，无疑是受到朱熹格物致知说的影响。

（二）对医学的影响

    朱熹之后，金、元之际的医学家普遍地讲"理"，讲朱熹所谓的"所以然之故与其所当然之则"。需要指出的是，医学家们所讲的并不仅仅是医学领域中的"医理"，而且还与理学家一样，也讲天地万物中普遍存在的"自然之理"、"天地之道"。

    刘完素（字守真，号通玄处士）在《素问玄机原病式》的"序"中反复地讲到"自然之理"。他说："夫医教者，源自伏羲，流于神农，

---

① （明）朱载堉：《圣寿万年历·卷首》，文渊阁四库全书。
② （清）阮元：《畴人传》卷三十五《王锡阐下》，续修四库全书。
③ （清）阮元：《畴人传》卷三十四《王锡阐上》，续修四库全书。
④ （清）梅文鼎：《历算全书》卷六《历学答问·学历说》，文渊阁四库全书。
⑤ （清）梅文鼎：《历算全书》卷二十一《历学骈枝·释凡四则》，文渊阁四库全书。
⑥ （清）梅文鼎：《历算全书》卷三十四《笔算·自序》，文渊阁四库全书。

注于黄帝，行于万世，合于无穷，本乎大道，法乎自然之理。"他还认为，他的《素问玄机原病式》"以比物立象，详论天地运气造化自然之理"，以改正世俗谬说。①张从正（字子和，号戴人）在《儒门事亲》中说："人之所欲者生，所恶者死，今反忘其寒之生，甘于热之死，则何如？由其不明《素问》造化之理，本草药性之源，一切委之于庸医之手。"②这里所谓"造化之理"，即是"自然之理"。李杲（字明之，号东垣老人）说："食塞于上，脉绝于下，若不明天地之道，无由达此至理。水火者，阴阳之征兆，天地之别名也，故曰：独阳不生，独明不长。天之用在于地下，则万物生长矣；地之用在于天上，则万物收藏矣。此乃天地交而万物通也，此天地相根之道也。"③

与此同时，他们还把"医理"与"儒理"统一在一起。张从正的《儒门事亲》把医学与儒学结合在一起，"以为惟儒者能明其理，而事亲者当知医也"。④刘完素则明确指出："《易》教体乎五行八卦，儒教存乎三纲五常，医教要乎五运六气。其门三，其道一，故相须以用而无相失，盖本教一而已矣。若忘其根本而求其华实之茂者，未之有也。"⑤认为医学与《易》学、儒学三者在根本上是一致的。

因此，他们还热衷于讲《易》理。刘完素指出："欲为医者，上知天文，下知地理，中知人事，三者俱明，然后可以愈人之疾病。不然，则如无目夜游，无足登涉，动致颠陨，而欲愈疾者，未之有也。故治病者，必明天地之理，道阴阳更胜之先后，人之寿夭，生化之期，乃可以知人之形气矣。"⑥这里所谓的"天地之理"就是"三才之道"，就是《易》理；以为医生治病应当知晓《易》理。张从正在论及口目为什么

① （金）刘完素：《素问玄机原病式·原序》，文渊阁四库全书。
② （金）张从正：《儒门事亲》卷三《补论二十九》，文渊阁四库全书。
③ （元）李杲：《内外伤辨惑论》卷下《吐法宜用辨上部有脉下部无脉》，文渊阁四库全书。
④ （清）永瑢、纪昀等：《四库全书总目》卷一百四《子部·医家类二·儒门事亲》，文渊阁四库全书。
⑤ （金）刘完素：《素问玄机原病式·原序》，文渊阁四库全书。
⑥ （金）刘完素：《素问病机气宜保命集》卷上《本草论第九》，文渊阁四库全书。

会歪斜而耳鼻却无此病时说："震、巽主动，坤艮主静。动者皆属木，静者皆属土。观卦者，视之理也。视者，目之用也。目之上纲则眨，下纲则不眨。故观卦上巽而下坤。颐卦者，养之理也。养者，口之用也。口之下颐则嚼，上颌则不嚼，故颐卦上艮而下震。口目常动。故风生焉。耳鼻常静，故风息焉。"① 这是用《易》理解释病理。

除了把《易》理与医理统一起来，金、元之际的医学家还讲阴阳五行之理。李杲说："夫圣人治病，必本四时升降浮沉之理……大抵圣人立法，且如升阳或发散之剂，是助春夏之阳气，令其上升，乃泻秋冬收藏殒杀寒凉之气，此病是也。当用此法治之，升降浮沉之至理也。天地之气以升降浮沉，乃从四时，如治病，不可逆也。"② 刘完素还在解释鼻塞流鼻涕的病症时说："鼽者，鼻出清涕也。夫五行之理，微则当其本化，甚则兼有鬼贼。故《经》曰'亢则害，承乃制'也。《易》曰：'燥万物者，莫熯乎火。'以火炼金，热极而反化为水，及身热极则反汗出也。"③

金、元之际的医学家普遍地讲"自然之理"，就是认为医学研究不仅在于把握"医理"，而且还在于通过格物致知把握"自然之理"。显然，这是医学领域对于朱熹格物致知说的运用。

元明清时期，不少医学家明确把医学与格物致知统一起来。元代医学家朱震亨（字彦修，号丹溪）为朱熹后学许谦（字益之，学者称白云先生）的门人，撰医学著作《格致余论》，明确提出"以医为吾儒格物致知之一事"。④ 明代医学家汪机（字省之，号石山居士）在《矫世惑脉论》中指出："夫定静安虑、格物致知乃《大学》首章第一义，而虑者，谓处事精详；格物者，谓穷致事物之理；致知者，谓推极吾

---

① （金）张从正：《儒门事亲》卷二《证口眼㖞斜是经非窍辩十八》，文渊阁四库全书。
② （元）李杲：《兰室秘藏》卷中《妇人门·经漏不止有三论》，文渊阁四库全书。
③ （金）刘完素：《素问玄机原病式·六气为病·热类》，文渊阁四库全书。
④ （清）永瑢、纪昀等：《四库全书总目》卷一百三《子部·医家类二·格致余论》，文渊阁四库全书。

之所知。凡此数事，学者必尝究心于此……夫望闻问切，医家大节目也。苟于临病之际，惟以切而知之为能，其余三事，一切置而不讲，岂得为知医乎？岂得为处事精详乎？岂得为穷致事物之理而推极吾之所知乎？"①把中医的望闻问切与格物致知联系在一起。明周王朱橚撰《普济方》，其中指出："愿为良医力学者，当在乎致知，致知当在乎格物。物不格，则知不至。若曰只循世俗众人耳闻目见谓之知，君子谓之不知也。"②明代医药学家李时珍（字东璧，号濒湖）撰《本草纲目》，指出："（本草）虽曰医家药品，其考释性理，实吾儒格物之学。"③并且还说："医者，贵在格物也。"④更有当时学者王世贞（字元美）为《本草纲目》作序，称之为"性理之精微，格物之通典，帝王之秘箓，臣民之重宝"。⑤明代医药学家缪希雍（字仲淳）在《神农本草经疏》中指出："昔称太医，今曰儒医。太医者，读书穷理，本之身心，验之事物，战战兢兢，求中于道，造次之际，罔敢或肆者也。"⑥明末医学家张介宾（字会卿，号景岳）撰《类经图翼》，其中指出："不有精敏之思，不足以察隐；不有果敢之勇，不足以回天；不有圆融之智，不足以通变；不有坚持之守，不足以万全。凡此四者，缺一不可，必欲备之，则惟有穷理尽性、格物致知以求圣人之心，斯可也。"⑦清代张炯在《神农本草经·序》中指出："儒者不必以医名，而知医之理，则莫过于儒者……孔子曰：'多识于鸟兽草木之名。'又曰：'致知在格物。'则是书也，非徒医家之书，而实儒家之书也。"⑧可见，不少医家都把医药学与朱熹的格物致知联系在一起。

---

① （明）汪机：《矫世惑脉论》，文渊阁四库全书。
② （明）朱橚：《普济方》卷二百四十三《脚气门》，文渊阁四库全书。
③ （明）李时珍：《本草纲目·凡例》，文渊阁四库全书。
④ （明）李时珍：《本草纲目》卷十四《草之三·芎藭》，文渊阁四库全书。
⑤ （明）李时珍：《本草纲目》"王世贞序"，文渊阁四库全书。
⑥ （明）缪希雍：《神农本草经疏》卷一《祝医五则》，文渊阁四库全书。
⑦ （明）张介宾：《类经图翼·序》，文渊阁四库全书。
⑧ （清）张炯：《神农本草经·序》，《神农本草经》，人民卫生出版社，1982年。

三、从"格物"到"科学"

朱熹的格物致知说要求格自然界事物的思想，在明清时期得到了进一步的发展。明代的罗钦顺、王廷相、王夫之等都对朱熹的格物致知说作了阐发。与此同时，还出现了一批以"格物"为题的科技著作，直至徐光启提出"格物穷理之学"概念。正是在这一背景下，出现了"科学"概念，实现了从"格物"到"科学"的过渡。

（一）格物致知说在明代的演变

明代，王守仁（字伯安，号阳明）的心学将"格物"诠释成"格心"，认为"格物，如孟子'大人格君心'之'格'"。①而且，他还用亭前格竹不得其理反而劳思致疾来讥讽朱熹的格自然之物，②并且说："先儒解格物为格天下之物，天下之物如何格得？且谓一草一木亦皆有理，今如何去格？纵格得草木来，如何反来诚得自家意？"③似有轻视自然研究之嫌。

针对王阳明释"格物"为"格心"，罗钦顺（字允升，号整庵）指

---

① （明）王阳明：《传习录上》，《王阳明全集》卷一，上海古籍出版社，1992年，第6页。
② 王阳明曾经说："众人只说格物要依晦翁，何曾把他的说去用？我着实曾用来。初年与钱友同论做圣贤，要格天下之物，如今安得这等大的力量？因指亭前竹子，令去格看。钱子早夜去穷格竹子的道理，竭其心思，至于三日，便致劳神成疾。当初说他这是精力不足，某因自去穷格。早夜不得其理，到七日，亦以劳思致疾。遂相与叹圣贤是做不得的，无他大力量去格物了。"[（明）王阳明：《传习录下》，《王阳明全集》卷三，上海古籍出版社，1992年，第120页]对于王阳明的责难，明末清初的陆世仪说："阳明有言，少与友人为朱子格物之学，指庭前竹树同格，深思至病，卒不能格，因叹圣人决不可学，格物决不可为。予曰：此禅家参篦子之法，非文公格物之说也。阳明自错，乃以尤朱子，何耶？"[（清）陆世仪：《思辨录辑要》卷三，文渊阁四库全书]李光地也说："阳明因见一竹推格不去，遂不以程朱之言为然，殊不知格物原非止留心于一草一木之间而欲其忽然顿悟。然苟因此遂废却格物功夫，则何处可以著心乎《大学》所谓格物？"[（清）李光地：《榕村集》卷二十三《鳌峰讲义》，文渊阁四库全书]又说："王阳明因格竹子致病，遂疑朱子之说，岂知朱子原未尝教人于没要紧处枉用心思也"；"伯安以格竹子为格物，原非朱子本意"。[（清）李光地：《榕村语录 榕村续语录》（上），中华书局，1995年，第11～12页]
③ （明）王阳明：《传习录下》，《王阳明全集》卷三，上海古籍出版社，1992年，第119页。

出："格物之义，程朱之训明且尽矣，当为万物无疑。人之有心，固然亦是一物，然专以格物为格此心则不可。"①他还说："察之于身，宜莫先于性情，即有见焉，推之于物而不通，非至理也。察之于物，固无分于鸟兽草木，即有见焉，反之于心而不合，非至理也。必灼然有见乎一致之妙，了无彼此之殊，而其分之殊者自森然其不可乱，斯为格致之极功。"②强调格外物与格内心的相互印证。

王廷相（字子衡，号浚川）则说："古之圣人，仰以观乎天文，俯以察乎地理，而人之道益明。盖以人性贯彻上下，通极内外，弥满于无垠，周匝于六合，苟一物之未知，是于性犹有所未尽也。故天地之道，虽悠远高深，学者不可不求其实矣。"③要求通过观察天文、地理，以明人之道。他还认为，《大学》的格物就是要"通于性命之故，达于天人之化"，因而要研究诸如"天之运，何以机之？地之浮，何以载之？月之光，何以盈缺？山之石，何以欹侧？经星在天，何以不移？海纳百川，何以不溢？吹律何以回暖？悬炭何以测候？夫遂何以得火？方诸何以得水？"④之类的自然问题。

明末的高攀龙（字存之，号景逸）赞同朱熹的格物致知说。他说："格物是随事精察，物格是一以贯之。"⑤并且还说："何谓格物？曰：程朱之言至矣。所谓穷至事物之理者，穷究到极处，即本之所在也，即至善之所在也。"⑥显然，他要求格外部事物。他甚至还说："格物是直穷到底，断知天下之物。"⑦"一草一木亦皆有理，不可不格。"⑧"夫天地古今之赜，下至羽鳞、走植、器数、声律之微，无所

① （明）罗钦顺：《困知记》附录《答允恕弟》，中华书局，1990年，第114页。
② （明）罗钦顺：《困知记》卷上，中华书局，1990年，第3～4页。
③ （明）王廷相：《王氏家藏集》卷三十《策问》（十九），《王廷相集》（二），中华书局，1989年，第548页。
④ （明）王廷相：《王氏家藏集》卷三十《策问》（五），《王廷相集》（二），中华书局，1989年，第539页。
⑤ （明）高攀龙：《高子遗书》卷一，文渊阁四库全书。
⑥⑦ （明）高攀龙：《高子遗书》卷三《大学首章广义》，文渊阁四库全书。
⑧ （明）高攀龙：《高子遗书》卷八上《答顾泾阳先生论格物一》，文渊阁四库全书。

不当格。"①因此，他明确指出："学必繇格物而入。"②显然，他主张研究自然事物。

　　明清之际的王夫之（字而农，号姜斋，学者称船山先生）大体上继承了朱熹的格物致知说，并有所发挥。他强调格物，指出："凡吾之理皆一因乎万物固然之理，则物物有当然之则；凡天下之物接于吾身者，皆可求其得失顺逆之则，以寓吾善恶邪正之几，故有象可见，有形可据，有原委始终之可考，无不尽吾心以求格，则诗书礼乐之教，人官物曲之事，皆必察焉，而《大学》之为学，于斯焉极矣。此学之始事必于格物，而详略大小精粗得失无不曲尽，故足以为身心意知之益而通乎天下国家之理。"③关于"格物"，王夫之说："博取之象数，远证之古今，以求尽乎理，所谓格物也。"④又说："密翁（方以智）与其公子为质测之学，诚学思兼致之实功。盖格物者，即物以穷理，惟质测为得之。若邵康节、蔡西山则立一理以穷物，非格物也（自注：按近传泰西物理、化学，正是此理）。"⑤在这里，他还把格物与西方的自然科学联系起来。王夫之所谓的"物"非常广泛，"天之风霆雨露亦物也，地之山陵原隰亦物也；则其为阴阳、为柔刚者皆物也。物之飞潜动植亦物也，民之厚生利用亦物也；则其为得失、为善恶者皆物也。凡民之父子兄弟亦物也，往圣之嘉言懿行亦物也；则其为仁义礼乐者皆物也。"⑥显然，王夫之的格物包含了对自然的研究。

---

① （明）高攀龙：《高子遗书》卷九上《塾训韵律序》，文渊阁四库全书。
② （明）高攀龙：《高子遗书》卷一，文渊阁四库全书。
③ （明）王夫之：《四书训义》卷一《大学》，《船山全书》第七册，岳麓书社，1990年，第48页。
④ （明）王夫之：《尚书引义》卷三《说命中二》，《船山全书》第二册，岳麓书社，1988年，第312页。
⑤ （明）王夫之：《搔首问》，《船山全书》第十二册，岳麓书社，1992年，第637页。
⑥ （明）王夫之：《尚书引义》卷一《尧典一》，《船山全书》第二册，岳麓书社，1988年，第241页。

（二）"格物"之书与"格物穷理之学"

以"格物"为题的科技著作，早在宋末元初就已经出现。当时的《格物粗谈》①分天时、地理、树木、花草、种植、培养、兽类、禽类、鱼类、虫类、果品、瓜蔬、饮馔、服饰、器用、药饵、居处、人事、韵藉、偶记等二十门。如前所述，后来，元代医学家朱震亨有医学著作《格致余论》。

明清时期，出现了不少以"格物"为题的科技著作。明人冯复京（字嗣宗）的《六家诗名物疏》在所引用书目中列《格物总论》《格物要论》，②属博物学著作。明人曹昭（字明仲）撰《格古要论》，分古铜器、古画、古墨迹、古碑法帖、古琴、古砚、珍奇、金铁、古窑器、古漆器、锦绮、异木、异石等十三门。③后又增补，并有舒敏作《新增格古要论·序》，认为对《格古要论》加以增补、校订，"亦可谓格物致知之一助"。④

明人熊明遇（字良孺）的《格致草》是以朱熹格物致知思想为基础，通过汲取西方科学成果而撰写的科学著作，内容包括天文学与天文仪器、气象、地理、博物学等，也涉及对于鬼神的讨论。《格致草·自叙》说："儒者志《大学》，则言必首格物致知矣，是诚正治平之关篇也。然属乎象者，皆物；物莫大于天地，有物必有则……窃不自量，以区区固陋平日所涉记，而衡以显易之则，大而天地之定位，星辰之彪列，气化之蕃变，以及细而草物虫豸，一一因当然之象，而求其所以然

---

① 《四库全书总目》云："旧本亦题苏轼撰，分天时、地理等二十门，与世所传轼《物类相感志》大略相似。后有元范梈识，断为后人假托。"[（清）永瑢、纪昀等撰《四库全书总目》卷一百三十《子部·杂家类存目七·格物粗谈》，文渊阁四库全书]

② （明）冯复京：《六家诗名物疏·引用书目》，文渊阁四库全书。

③ （清）永瑢、纪昀等：《四库全书总目》卷一百二十三《子部·杂家类七·格古要论》，文渊阁四库全书。

④ （明）舒敏：《新增格古要论·序》，《中国科学技术典籍通汇·综合卷（第五分册）》，河南教育出版社，1994年，第613页。

之故，以明其不得不然之理。"①

明末意大利传教士高一志的《空际格致》主要介绍西方"火、气、水、土"四元素学说，其中也涉及西方科技知识；其引言指出："空际所睹变化之迹，繁矣，奇矣，明著矣。而究其所以然者，古格致之学，恒以为难。兹余将测其略，须先推明其变化之切根然后可。切根者，惟四元行，所谓火、气、水、土是也。"②按照高一志的看法，中国传统的格致学难以说明空际变化之所以然，而他的格致学就是要以最根本的四元行来加以说明。

德国传教士汤若望与明代学者共同翻译西方矿冶学经典著作《矿冶全书》而成《坤舆格致》，其中涉及矿产开采、冶炼技术等。

清人陈元龙（字广陵）著《格致镜原》，分乾象、坤舆、身体、冠服、宫室、饮食、布帛、舟车、朝制、珍宝、文具、武备、礼器、乐器、耕织器物、日用器物、居处器物、香奁器物、燕赏器物、玩戏器物、谷、蔬、木、草、花、果、鸟、兽、水族、昆虫等三十类。③

此外，明清时期还有《痘疹格致要论》《医理直格》《格言汇纂》《易医格物编》《医门格物论》《格致医案》等医书，④以及《格物编》《格物类纂》《格致谱》等博物学著作。⑤

随着大量以"格物"为题的科技著作的出现，明代科学家徐光启（字子先，谥曰文定，尊称徐文定公）还提出了"格物穷理之学"的概念。1607年，徐光启与意大利传教士利玛窦共同翻译了《几何原本》，这是西方传教士来中国后翻译的第一部科学著作。利玛窦在《译几何原本引》中说："夫儒者之学，亟致其知，致其知，当由明达物理耳……

① （明）熊明遇：《格致草·自叙》，《中国科学技术典籍通汇·天文学卷（第六分册）》，河南教育出版社，1995年，第56～58页。
② （明）高一志：《空际格致》，四库全书存目丛书·子部第九十三册。
③ （清）永瑢、纪昀等：《四库全书总目》卷一百三十六《子部·类书类二·格致镜原》，文渊阁四库全书。
④ 席泽宗：《中国科学技术史·科学思想卷》，科学出版社，2001年，第386页。
⑤ 席泽宗：《中国科学技术史·科学思想卷》，科学出版社，2001年，第387页。

吾西陬国虽褊小，而其庠校所业格物穷理之法，视诸列邦为独备焉。"①
这里用"格物穷理之法"来指称西方的包括自然科学在内诸学科的研究
方法。另有葡萄牙传教士阳玛诺在《天问略自序》中说："吾西格物之
学，门胪而府藏，枝属而源备，于天论则尤所详慎。"②这里提出"格
物之学"的概念。与此同时，徐光启在《刻几何原本序》中指出："顾
惟先生（利玛窦）之学，略有三种：大者修身事天，小者格物穷理，物
理之一端，别为象数。"③稍后，又在1612年的《泰西水法序》中明确
了"格物穷理之学"的概念，指出：泰西"有一种格物穷理之学，凡世
间世外、万事万物之理，叩之无不河悬响答，丝分理解；退而思之，穷
年累月，愈见其说之必然而不可易也。格物穷理之中，又复旁出一种象
数之学。象数之学，大者为历法，为律吕；至其他有形有质之物，有度
有数之事，无不赖以为用，用之无不尽巧极妙者。"④徐光启不仅提出
"格物穷理之学"概念，而且还认为，科学始于格物致知。他在与中西
历算家共同编撰的《新法算书》中指出："凡学非能骤成，莫不始于格
物以致其知，而后从而推广，从而精详焉。以故古人因目所见，心悟顿
启，纪而验之，接续成书，以诏来世，乃成一学。"⑤

（三）"科学"概念的出现

19世纪下半叶，西方科学再次大规模传入中国。与明清之际一样，
这一时期许多与西方科学有关的著作大都以"格致"题名，主要有传教士
丁韪良编译的《格致入门》、傅兰雅创办的综合性科技期刊《格致汇编》
等。还有一批以"格致"为题的科学通论著作，如《格致启蒙》《格致小

---

① （意大利）利玛窦：《译几何原本引》，《明清间耶稣会士译著提要》，中华书局，1989年，
第259页。
② （葡）阳玛诺：《天问略自序》，《明清间耶稣会士译著提要》，中华书局，1989年，第279页。
③ （明）徐光启：《刻几何原本序》，《徐光启集》（上册）卷二，中华书局，1963年，第75页。
④ （明）徐光启：《泰西水法序》，《徐光启集》（上册）卷二，中华书局，1963年，第66页。
⑤ （明）徐光启等：《新法算书》卷九十八《历法西传·引说》，文渊阁四库全书。

引》《格物探原》《格致新机》《格致须知》《格致略论》《格致释器》《格致举偶》《格致问答题要》等。①此外，还有《格致古微》《格物中法》对中西科学的关系进行了讨论。

而且，在许多著述中，西方科学多被指称为"格致学"。早期改良派的冯桂芬认为，西学中"如算学、重学、视学、光学、化学等，皆得格物至理"。②薛福成说："士之所研，有算学、化学、电学、光学、声学、天学、地学及一切格致之学，而一学之中，又往往分为数十百种。"③英国传教士李提摩太说："欲求人材，收实效，具经天纬地之能，兴利国益民之事，非精求格致之学不可。盖格致之学所包者，广如算学、光学、化学、重学、电学，以及天舆、地球等学，无非在格致之中，故西国之讲求治术者，必以格致为先。"④郑观应则提出各级学宫书院都要开设文学科、政事科、言语科、格致科、艺学科、杂学科，其中"格致科，凡声学、光学、电学、化学之类皆属焉"。⑤

1897年，康有为编著《日本书目志》，其中的"理学门"列举了《科学入门》《科学之原理》等书目，⑥这可能是最早使用了"科学"一词。1898年，他又在《请废八股试帖楷法试士改用策论折》中指出："内讲中国文学，以研经义、国闻、掌故、名物，则为有用之才；外求各国科学，以研工艺、物理、政教、法律，则为通方之学。"⑦再次提到"科学"一词。1902年，严复的《与〈外交报〉主人书》在批评中体西用、政本艺末的观点时指出："其曰政本而艺末也，愈所谓颠倒错乱

① 董光璧：《中国近现代科学技术史论纲》，湖南教育出版社，1992年，第7～8页。

② （清）冯桂芬：《校邠庐抗议》，上海书店出版社，2002年，第55页。

③ （清）薛福成：《治术学术在专精说》，《薛福成选集》，上海人民出版社，1987年，第422～423页。

④ （英）李提摩太：《转移积患养民说略》，《郑观应集》上册《盛世危言·教养》"附录"，上海人民出版社，1982年，第483页。

⑤ （清）郑观应：《盛世危言·考试下》，《郑观应集》上册，上海人民出版社，1982年，第299页。

⑥ （清）康有为：《日本书目志》，《康有为全集》第三集，上海古籍出版社，1992年，第624页。

⑦ （清）康有为：《请废八股试帖楷法试士用策论折》，《康有为政论集》上册，中华书局，1981年，第271页。

者矣。且其所谓艺者，非指科学乎？名、数、质、力，四者皆科学也。其通理公例，经纬万端，而西政之善者，即本斯而立……是故以科学为艺，则西艺实西政之本。"[1] 同年，梁启超发表《格致学沿革考略》，指出："学问之种类极繁，要可分为二端：其一，形而上学，即政治学、生计学、群学等是也；其二，形而下学，即质学、化学、天文学、地质学、全体学、动物学、植物学等是也。吾因近人通行名义，举凡属于形而下学，皆谓之格致。"[2] 至此，"格物致知"概念在经历了不断的改造和重新诠释后，最终实现了向"科学"概念的过渡。

遗憾的是，这个过渡过于曲折和漫长，从徐光启1607年作《刻几何原本序》和1612年作《泰西水法序》明确提出"格物穷理之学"，到1897年康有为使用"科学"一词，其间经历了近300年，并且伴随着中国科技的不断衰落。

四、自然研究的生态价值

朱熹重视自然研究，对人与自然的关系多有论述。尤其是，他的《中庸章句》认为人与物有着共同的"天命之性"，从而体现出人与自然万物相互平等的思想。在此基础上，进一步通过诠释《中庸》"赞天地之化育，则可以与天地参"以及"致中和，天地位焉，万物育焉"，体现出具有现代价值的以人与自然和谐为中心的生态观。

（一）人与物的平等与差异

对于《中庸》所谓"天命之谓性，率性之谓道，修道之谓教"，汉朝郑玄注、唐朝孔颖达《礼记正义·中庸》认为，这只是就人而言的；

---

[1]（清）严复：《与〈外交报〉主人书》，《严复集》第三册，中华书局，1986年，第559页。
[2]（清）梁启超：《格致学沿革考略》，《饮冰室合集》（二）文集之十一，中华书局，1989年。

讲人之性源自于天，循性而有人道，修行此道而得以教化。与此不同，朱熹《中庸章句》则将人与物统一起来，具体有以下三个方面的发明：第一，认为人与物都得自天所赋的共同之理，而具有共同的"天命之性"，同时又由于气禀的差异而有"气质之性"的不同；第二，认为人与物"各循其性之自然"而有各自不同的当行之道；第三，认为"修道"在于依据人与物各自不同的"道"，对人与物做出不同品级的节制和约束。

对于《中庸》讲"天命之谓性"，朱熹注曰："天以阴阳五行化生万物，气以成形，而理亦赋焉，犹命令也。于是人、物之生，因各得其所赋之理，以为健顺五常之德，所谓性也。"①认为人与物都有来自天之所赋的、共同的"天命之性"。既然人与物的形体以及人之性与物之性都是源自于共同的天，所以，人与自然万物有着共同的来源和本性，在根本上是平等的。但是，朱熹又认为，人与物虽然有共同的来源和本性，但由于气禀不同，而存在着差异，以至于他们的本性也各有差异，所谓"性道虽同，而气禀或异，故不能无过不及之差"②。朱熹还说："人、物性本同，只气禀异。""人、物之生，天赋之以此理，未尝不同，但人、物之禀受自有异耳。"③人与物由于气禀的差异而有了人之性与物之性的不同。

人与物之间存在着差异，因此，先秦儒家有"仁民"与"爱物"之别。但是，先秦儒家的"爱物"，是从人的需要出发，而不是根据物的需要，这就造成了人与物之间的不平等；相反，如果在承认人与物之间存在着差异的基础上，能够根据物的需要去"爱物"，这就达到了人与物之间的平等。所以，差异是就事实而言，平等是就价值而言，二者不可混为一谈。讲人与物之间的差异，并不意味着他们之间的不平等。关于这一点，朱熹曾说："虽鸟兽草木之生，仅得形气之偏，而不能有

①②（宋）朱熹：《四书章句集注·中庸章句》，《朱子全书》第六册，上海古籍出版社等，2002年，第32页。
③（宋）黎靖德：《朱子语类》（一）卷四，中华书局，1986年，第58页。

以通贯乎全体，然其知觉运动，荣悴开落，亦皆循其性而各有自然之理焉。至于虎狼之父子，蜂蚁之君臣，豺獭之报本，雎鸠之有别，则其形气之所偏，又反有以存其义理之所得，尤可以见天命之本然，初无间隔。"①在朱熹看来，人与物之间气禀有异，但皆得"天命之性"，在价值上是完全平等的。同样，讲人与物之间的平等，也并不是要消除他们之间的差异。所以，人与物之间的平等，是有差异的平等。

对于《中庸》讲"率性之谓道"，朱熹注曰："人、物各循其性之自然，则其日用事物之间，莫不各有当行之路，是则所谓道也。"②朱熹《中庸或问》也说："'率性之谓道'，言循其所得乎天以生者，则事事物物，莫不自然，各有当行之路，是则所谓'道'也。"③在朱熹看来，人与物之间由于气禀的差异而有人之性与物之性的不同，因此人与物的"道"也不相同；人有人的生存方式，物有物的存在方式。就物而言，动物、植物以及非生命物各有自己特有的存在方式和规律。同时，人与物之间在价值上又是平等的，因此，人与自然万物相处，必须依照自然万物各自特有的存在方式和规律，而不是依据人的主观想象，更不是违背自然万物各自的存在方式和规律，以至于造成对自然的破坏。

对于《中庸》讲"修道之谓教"，朱熹注曰："修，品节之也。性道虽同，而气禀或异，故不能无过不及之差，圣人因人、物之所当行者而品节之，以为法于天下，则谓之教。"④并且指出："盖天命之性、率性之道，皆理之自然，而人、物之所同得者也。人虽得其形气之正，

① （宋）朱熹：《四书或问·中庸或问》，《朱子全书》第六册，上海古籍出版社等，2002年，第551页。
② （宋）朱熹：《四书章句集注·中庸章句》，《朱子全书》第六册，上海古籍出版社等，2002年，第32页。
③ （宋）朱熹：《四书或问·中庸或问》，《朱子全书》第六册，上海古籍出版社等，2002年，第550～551页。
④ （宋）朱熹：《四书章句集注·中庸章句》，《朱子全书》第六册，上海古籍出版社等，2002年，第32页。

然其清浊厚薄之禀，亦有不能不异者，是以贤智者或失之过，愚不肖者或不能及，而得于此者，亦或不能无失于彼。是以私意人欲或生其间，而于所谓性者，不免有所昏蔽错杂，而无以全其所受之正；性有不全，则于所谓道者，因亦有所乖戾舛逆，而无以适乎所行之宜。惟圣人之心，清明纯粹，天理浑然，无所亏阙，故能因其道之所在，而为之品节防范，以立教于天下，使夫过不及者，有以取中焉。"①在朱熹看来，人与物有其各自不同的"道"，圣人能够依据人与物各自不同的"道"对人与物作出不同品级的节制和约束，以立教于天下，这就是《中庸》所谓"修道之谓教"；而之所以只有圣人能够做到，那是因为"圣人之心，清明纯粹，天理浑然，无所亏阙"，能够克服"私意人欲"所造成的"乖戾舛逆"，能够"因其道之所在，而为之品节防范"。

一方面，朱熹认为，人与自然万物有着共同的来源和本性，在根本上是平等的；另一方面，朱熹认为，人与自然万物存在着差异，人必须依据人与物各自不同的"道"，分别对待，要求尊重自然。朱熹《孟子集注》注"仁民而爱物"曰："物，谓禽兽草木；爱，谓取之有时，用之有节。"②朱熹认为，"爱物"，指的是对动、植物的"取之有时，用之有节"。朱熹还说："爱物……则是食之有时，用之有节；见生不忍见死，闻声不忍食肉；如仲春之月，牺牲无用牝，不麛，不卵，不杀胎，不覆巢之类，如此而已。"③所以，在朱熹那里，"爱物"不是从人的需要出发，而是依据物的"道"，从尊重自然出发。朱熹还指出："人为万物之灵，自是与物异。若迷其灵而昏之，则与禽兽何别？"④在朱熹看来，人如果将自己视为高于万物而任意宰割万物，就会将自己等同于禽兽。也就是说，在与自然万物的相处中，人处于主导地位，然

---

① （宋）朱熹：《四书或问·中庸或问》，《朱子全书》第六册，上海古籍出版社等，2002年，第551页。

② （宋）朱熹：《四书章句集注·孟子集注》，《朱子全书》第六册，上海古籍出版社等，2002年，第441页。

③ （宋）黎靖德：《朱子语类》（八）卷一百二十六，中华书局，1986年，第3014页。

④ （宋）黎靖德：《朱子语类》（一）卷八，中华书局，1986年，第132页。

而，正因为如此，人不仅对自己，而且对自然万物，都负有同样责任，必须给予同样的对待、同样的关心和尊重。

（二）"赞天地之化育，则可以与天地参"

《中庸》说："唯天下至诚，为能尽其性；能尽其性，则能尽人之性；能尽人之性，则能尽物之性；能尽物之性，则可以赞天地之化育；可以赞天地之化育，则可以与天地参矣。"关于"赞天地之化育"，程颐曾说："'赞天地之化育'，自人而言之，从尽其性至尽物之性，然后可以赞天地之化育，可以与天地参矣。言人尽性所造如此。若只是至诚，更不须论。所谓'人者天地之心'，及'天聪明自我民聪明'，止谓只是一理，而天人所为，各自有分。"[1]朱熹赞同程颐的说法，指出："程子说赞化处，谓'天人所为，各自有分'，说得好。"[2]而且，朱熹注《中庸》"赞天地之化育"曰："赞，犹助也。"并且还指出："'赞天地之化育'。人在天地中间，虽只是一理，然天人所为，各自有分，人做得底，却有天做不得底。如天能生物，而耕种必用人；水能润物，而灌溉必用人；火能爨物，而薪爨必用人。裁成辅相，须是人做，非赞助而何？"[3]在朱熹看来，天与人"各自有分"，有天所为之事，有人所为之事；而人所为之事，就应当是"赞天地之化育"。所以，他明确把"赞天地之化育"之"赞"诠释为"赞助"。

需要指出的是，朱熹还把"赞天地之化育"之"赞"，进一步诠释为"裁成辅相"。所谓"裁成辅相"，源自《周易·泰》所引《象》曰："天地交，泰，后以财（裁）成天地之道，辅相天地之宜，以左右民。"关于"裁成辅相"，二程说："天地之道，不能自成，须圣人裁成辅相之。如岁有四时，圣人春则教民播种，秋则教民收获，是裁成

---

①（宋）程颢、程颐：《河南程氏遗书》卷十五，《二程集》（第一册），中华书局，1981年，第158页。

②③（宋）黎靖德：《朱子语类》（四）卷六十四，中华书局，1986年，第1570页。

也；教民锄耘灌溉，是辅相也。"①可见，"裁成辅相"就是根据天地之道，教化百姓依道而行。朱熹说："天只生得许多人物，与你许多道理。然天却自做不得，所以生得圣人为之修道立教，以教化百姓，所谓'裁成天地之道，辅相天地之宜'是也。盖天做不得底，却须圣人为他做也。"②据《朱子语类》载，问"'财（裁）成辅相'字如何解？"曰："裁成，犹裁截成就之也，裁成者，所以辅相也……辅相者，便只是于裁成处，以补其不及而已。"又问："裁成何处可见？"曰："……万物本自有此理，若非圣人裁成，亦不能如此齐整，所谓'赞天地化育而与之参'也……此皆天地之所不能为而圣人能之，所以赞天地之化育，而功与天地参也。"③在朱熹看来，"赞天地之化育"就是"裁成辅相"，就是根据天地之道"赞助"和"辅助"天地所做不得的。

应当说，朱熹对"赞天地之化育"以及"裁成辅相"的诠释，包含了两个重要思想：其一，由于"天人所为，各自有分"，人应当积极主动地在与自然的互动中，通过弥补自然之不足，以满足人的要求，而不是消极而被动地适应自然，甚至畏惧自然；其二，在与自然的互动中，人只是起到辅助自然的作用，只是补充自然的不足，而不是肆意破坏或"改造"自然。正是通过这种人与自然的互为补充，实现人与自然的和谐。

需要指出的是，在朱熹那里，"赞天地之化育"并不是从人出发。朱熹说："凡有形于天地之间者，若动若植，有情无情，莫不有以若其性、遂其宜焉。此儒者之道，所以必至于参天地、赞化育，然后为功用之全，而非有所强于外也。"④在朱熹看来，"赞天地之化育"就是对

① （宋）程颢、程颐：《河南程氏遗书》卷二十二上，《二程集》（第一册），中华书局，1981年，第280页。
② （宋）黎靖德：《朱子语类》（一）卷十四，中华书局，1986年，第259页。
③ （宋）黎靖德：《朱子语类》（五）卷七十，中华书局，1986年，第1759页。
④ （宋）朱熹：《西铭解》，《朱子全书》第十三册，上海古籍出版社等，2002年，第141～142页。

于不同的物，要给予不同的对待，应当"若其性、遂其宜"，也就是要根据自然物的特殊性，合理地予以对待，而不是外在的强加。为此，他还特别强调"尽物之性"，并在讨论《中庸》所谓"能尽物之性"时说："'能尽物之性'，如鸟兽草木有多少般样，亦莫不有以全其性而遂其宜。"[①]"至于尽物，则鸟兽虫鱼，草木动植，皆有以处之，使之各得其宜。"[②]认为"尽物之性"就是根据物的不同的本性，合理地加以处置，"使之各得其宜"。朱熹还说："尽物之性，如鸟兽草木咸若。如此，则可以'赞天地之化育'，皆是实事，非私心之仿像也。"[③]在朱熹看来，"尽物之性"就是要让自然之物各顺其性，各得其宜，而不是依据人的主观模仿想象，这样则可以"赞天地之化育"。

为此，朱熹特别强调对于天地自然万物的认识。他说："圣贤出来抚临万物，各因其性而导之。如昆虫草木，未尝不顺其性，如取之以时，用之有节：当春生时'不殀夭，不覆巢，不杀胎；草木零落，然后入山林；獭祭鱼，然后虞人入泽梁；豺祭兽，然后田猎'。所以能使万物各得其所者，惟是先知得天地本来生生之意。"[④]在朱熹看来，要使万物各得其所，就必须"因其性而导之"，就是要根据自然物的不同物性，顺其性而为，合理地加以开发和利用，"取之以时，用之有节"；而要做到这一点，则先要"知得天地本来生生之意"，知得万物之性。

《中庸》讲"赞天地之化育"，并且同时指出："可以赞天地之化育，则可以与天地参矣。"对此，朱熹注曰："与天地参，谓与天地并立为三也。"[⑤]认为人在"赞天地之化育"中，就可以达到与天地和谐并立。显然，在朱熹看来，"与天地参"，实现人与天地的和谐，是人类所要追求的重要目标；而要实现这一目标，需要通过人与自然的互

---

① （宋）黎靖德：《朱子语类》（四）卷六十四，中华书局，1986年，第1568页。
② （宋）黎靖德：《朱子语类》（四）卷六十四，中华书局，1986年，第1569页。
③ （宋）黎靖德：《朱子语类》（四）卷六十四，中华书局，1986年，第1570页。
④ （宋）黎靖德：《朱子语类》（一）卷十四，中华书局，1986年，第256页。
⑤ （宋）朱熹：《四书章句集注·中庸章句》，《朱子全书》第六册，上海古籍出版社等，2002年，第50页。

动，并在辅助自然的过程中，达到与自然的相互补充、相互协调。

关于"与天地参"，战国时期荀子也有过阐释。《荀子·天论》讲"明于天人之分"，但较多强调人对于自然的作用，指出："天有其时，地有其财，人有其治。夫是之谓能参。舍其所以参而愿其所参，则惑矣。"认为人与天地参，是指人能够治天时、地财。所以，荀子反对放弃人力而顺从天地，而要求"制天命而用之"。

与荀子不同，朱熹则要求通过"赞天地之化育"，辅助并顺从天地自然，达到"与天地参"，强调人与天地"并立为三"，追求的是人与自然的和谐统一，人与天地的合二而一。由此可见，朱熹对"赞天地之化育"的注释，虽然讲人对于自然的作用，但是又认为，人只是辅助自然，只是补充自然之不足，并以此达到人与自然的相互协调，而最终的目的在于人与天地并立为三，实现人与自然的和谐。

（三）"致中和"而"天地位，万物育"

朱熹《中庸章句》注"致中和，天地位焉，万物育焉"曰："致，推而极之也。位者，安其所也。育者，遂其生也。自戒惧而约之，以至于至静之中，无少偏倚，而其守不失，则极其中而天地位矣。自谨独而精之，以至于应物之处，无少差谬，而无适不然，则极其和而万物育矣。盖天地万物，本吾一体。吾之心正，则天地之心亦正矣；吾之气顺，则天地之气亦顺矣。故其效验至于如此。"[1] 显然，朱熹讲"致中和"，从戒慎恐惧和慎独讲起，以为戒慎恐惧就可以达到无少偏倚而"极其中"，慎独就可以无少差谬，而"极其和"。朱熹还说："致者，用力推致而极其至之谓。致焉而极其至，至于静而无一息之不中，则吾心正，而天地之心亦正，故阴阳动静各止其所，而天地于此乎位矣；动而无一事之不和，则吾气顺，而天地之气亦顺，故充塞无间，

---

① （宋）朱熹：《四书章句集注·中庸章句》，《朱子全书》第六册，上海古籍出版社等，2002年，第33页。

骦欣交通，而万物于此乎育矣。"①在朱熹看来，"致中和"就能达到"静而无一息之不中"而"吾心正"，"动而无一事之不和"而"吾气顺"；"吾心正"、"吾气顺"，则能够与天地万物和谐共处，即所谓"吾心正，而天地之心亦正"，"吾气顺，而天地之气亦顺"，因而能够达到"天地位"、"万物育"。所以，要达到"天地位"、"万物育"，关键在于"致中和"。

朱熹特别强调"致中和"对于"天地位"、"万物育"的重要性，并且还说："若不能'致中和'，则山崩川竭者有矣，天地安得而位！胎夭失所者有矣，万物安得而育！"②据《中庸或问》所述：曰："天地位，万物育，诸家皆以其理言，子独以其事论。然则自古衰乱之世，所以病乎中和者多矣，天地之位，万物之育，岂以是而失其常耶？"曰："三辰失行，山崩川竭，则不必天翻地覆然后为不位矣。兵乱凶荒，胎殰卵殈，则不必人消物尽然后为不育矣。凡若此者，岂非不中不和之所致，而又安可诬哉！"③在朱熹看来，天地自然万物的变化，虽然有其自身的原因，但往往与人的活动有密切关系，且与是否"致中和"有关。对此，王夫之作了进一步阐释，指出："吾之心正，而天地之心可得而正也。以之秩百神而神受职，以之燮阴阳、奠水土而阴阳不忒、水土咸平焉、天地位矣。何也？吾之性本受之于天，则天地亦此理也，而功化岂有异乎？吾之气顺，而万物之气可得而顺也。以之养民而泽徧远迩，以之蕃草木、驯鸟兽而仁及草木、恩施鸟兽焉，万物育矣。"④李光地更为明确地指出："心不正，则不能收敛安静，势必搅扰纷更，天地如何得位？能致中，则君君臣臣，父父子子，天地岂有不位？致和，则数罟不入，斧斤时入，《月令》

---

① （宋）朱熹：《四书或问·中庸或问》，《朱子全书》第六册，上海古籍出版社等，2002年，第559页。
② （宋）黎靖德：《朱子语类》（四）卷六十二，中华书局，1986年，第1519页。
③ （宋）朱熹：《四书或问·中庸或问》，《朱子全书》第六册，上海古籍出版社等，2002年，第559～560页。
④ （明）王夫之：《四书训义》（上）卷二《中庸》，《船山全书》第七册，岳麓书社，1990年，第108～109页。

中许多事件，无不按节合拍，万物岂有不育？"①也就是说，人之心正，能致中和，则能够按照自然法则合理地对待天地自然万物，从而达到"天地位"、"万物育"。

需要指出的是，《中庸章句》注"致中和，天地位焉，万物育焉"而讲"天地万物，本吾一体。吾之心正，则天地之心亦正矣；吾之气顺，则天地之气亦顺矣"，并不同于汉唐儒家的"天人感应"。朱熹说："'致中和，天地位，万物育'，便是形和气和，则天地之和应。今人不肯恁地说，须要说入高妙处。不知这个极高妙，如何做得到这处。汉儒这几句本未有病，只为说得迫切了，他便说做其事即有此应，这便致得人不信处。"②朱熹认为，汉唐儒家是用"天人感应"来说明"致中和"即有"天地位"、"万物育"，而重要的是，要说明"这个极高妙，如何做得到这处"。

所以，在朱熹看来，"天地位"、"万物育"不是"致中和"感应出来的，而是要通过"致中和"使得"于应物之处，无少差谬，而无适不然"，"行之每不违"，进而达到"天地位"、"万物育"。而且，朱熹还认为，要达到"天地位"、"万物育"，不仅要"致中和"，把握天地万物之理和变化规律，同时还要"因其自然之理以裁成辅相之"。因此，他明确指出："'天地位，万物育'，便是'裁成辅相'，'以左右民'底功夫。"③如前所述，朱熹把"赞天地之化育"之"赞"，诠释为"裁成辅相"；而在诠释"天地位，万物育"中，又讲"裁成辅相"，由此可见，要实现从"致中和"到"天地位，万物育"，必须通过"赞天地之化育"，即"裁成辅相"的过程。

朱熹还说："致中和而天地位、万物育者，常也……大抵致中和，自吾一念之间培植推广，以至于裁成辅相、匡直辅翼，无一事之不尽，方是至处。自一事物之得所区处之合宜，以致三光全，寒暑平，山不童，泽不

① （清）李光地：《榕村语录 榕村续语录》（上），中华书局，1995年，第114～115页。
②③（宋）黎靖德：《朱子语类》（四）卷六十二，中华书局，1986年，第1519页。

涸，飞潜动植各得其性，方是天地位、万物育之实效。盖致者，推致极处之名，须从头到尾看，方见得极处。若不说到天地万物真实效验，便是只说得前一截，却要准折了后一截，元不是实推到极处也。"①朱熹认为，"致中和"而达到"天地位"、"万物育"，这是恒常的道理。因为"致中和"，就是要通过"自吾一念之间培植推广，以至于裁成辅相"，"无一事之不尽"，从而实现"天地位"、"万物育"。而且在朱熹看来，"致中和"必须达到"天地位、万物育"，才是"推致极处"，达到最高境界。

由此可见，朱熹《中庸章句》对"致中和，天地位焉，万物育焉"的诠释，其丰富内涵在于，朱熹认为，将人的喜怒哀乐未发的"中"与发皆中节的"和"推到极致，并据此体会人的先天本性以及与此具有共同性的天地万物之理和变化规律，进而"裁成天地之道，辅相天地之宜"、"赞天地之化育"，就可以实现"天地位"、"万物育"；而这与《中庸》所谓"唯天下至诚，为能尽其性；能尽其性，则能尽人之性；能尽人之性，则能尽物之性；能尽物之性，则可以赞天地之化育；可以赞天地之化育，则可以与天地参矣"是完全一致的。

（四）结论

显然，朱熹《中庸章句》的生态观是以人与自然万物在根本上是平等的为出发点，要求尊重自然万物各自特有的存在方式和规律，而不是从人欲之私出发；要求在把握自然之理的基础上，合理地对待自然，而不是从人的主观愿望出发；其目的在于辅助自然，在于实现人与自然的相互补充、相互协调，而不在于为了人的利益干扰、改变和改造自然；最终达到人与自然的和谐。由此可见，这不仅是为了人，而且也是为了自然。从生态的角度看，这不是单纯地以人类为中心，而是一种通过人与自然的互补与协调而达到和谐的生态观，是以人与自然和谐为中心的

①（宋）朱熹：《晦庵先生朱文公文集》卷五十三《答胡季随》（六），四部丛刊初编。

生态观。

当然，朱熹《中庸章句》所体现的以人与自然和谐为中心的生态观也存在着某些问题。由于强调人的道德素质和性情修养对于实现人与自然和谐的至关重要，朱熹对于如何"赞天地之化育"实现"与天地参"，如何"致中和"而"天地位，万物育"，并没有做出更多具体深入的讨论，而专注于如何"至诚"，如何"致中和"；因此，其中所蕴含的以人与自然和谐为中心的生态观，并没有能够得到充分的阐释，在理论上也存在着一些不可避免的问题。尤其是，朱熹把如何实现"天地位"、"万物育"统统归于"致中和"，归于道德素质和性情修养，而忽略了其中所涉及的科学认识、技术方法、制度建设等诸多方面的研究，因而事实上并不可能完全解决生态问题。

尽管朱熹《中庸章句》对于如何"赞天地之化育"实现"与天地参"、如何"致中和"而"天地位，万物育"的回答还有种种不太圆满之处，但是，其中所蕴含的以人与自然和谐为中心的生态观，与今天所倡导的生态观是完全一致的，因而可以在一定意义上为今天在新的社会背景下构建现代的生态观提供有价值的思想资源，这应当是可以肯定的。

第七章

现代对朱熹自然
研究的探讨

现代对于朱熹自然研究的探讨，可以追溯到清末民初。1898年，清末学人唐才常发表《〈朱子语类〉已有西人格致之理条证》。此后，民国时期又有不少学者，或是研究朱熹关于自然的思想，或是探讨朱熹格物致知说与科学的关系。1954年，英国著名的科学史家李约瑟开始出版《中国科学技术史》，从中国科学技术史的角度对朱熹的科学思想作了深入的阐述。

一、清末民国学人对朱熹自然思想的阐述

（一）唐才常的《〈朱子语类〉已有西人格致之理条证》（1898年）[①]

唐才常，字黻丞，号佛尘，湖南浏阳人。光绪二十三年（1897年）与谭嗣同在浏阳兴办算学馆，提倡新学。在长沙办时务学堂，编辑《湘学报》。次年又创办《湘报》，宣传变法维新，并与谭嗣同一起创办南学会等，成为维新变法的重要人物。也就在这一年，他在《湘报》第63、64号（1898年5月18、19日）发表《〈朱子语类〉已有西人格致之理条证》。

该文指出："格致之说，自汉儒以来，亡虑数十百家。惟朱子'即物躬理'一言，孕义宏深，天人靡阂，故其探索气化之功，冠绝群伦，荒落之儒，望尘弗及。"又说："若夫《朱子语类》，其阐明天地、日星、风雨、雷电及一切气化之理，尤所在多有。今以西人之说，因类比

埒，则太璞精金，光华迸露，于斯可见天地自然之理，无判中西，无殊古今。彼高谈宋学而深闭固拒，辄诧新奇者，其亦非新安濂、洛、关、闽之真徒与！”于是分天学、地学、气学、重学、化学、矿学、电学、光学、声学等项，例举《朱子语类》中若干语录加以评述，并与西方科学进行比较。

比如“天学”，《语类》云：“今坐于此，但知地之不动耳，安知天运于外，而地不随之以动耶？”唐才常说：“是地动之说，朱子已发其端。又张子云：‘天左旋，处其中者顺之。’意谓地亦是一动物，处天之中，随天而左旋，故觉地右而天左，此地动不始于西学之明证。（朱子又云：‘冬夏昼夜之长短，非日暮出没之所为，乃地之游转四方而然。’）”《语类》云：“天以气而依地之形，地以形而附天之气，天包乎地，地特天中之一物耳。”唐才常说：“夫曰天中一物，是已确知地球为诸行星之一。”

又比如“光学”：《语类》：问“月本无光，受日而有光。季通云：‘日在地中，月行天上，所以光者，以日气从地四旁周围空处迸出，故月受其光’。”“又云：‘月常有一半光，月似水，日照之则水面光倒射壁上。’”唐才常说：“如前言，则与西人发光之原体合……如后言，则与西人回光之说合。皆光学中格致之理也。”

再比如“声学”，《语类》云：“声者，气形相轧而成，两气风雷之类，两形桴鼓之类，气轧形如笙簧之类，形轧气如羽扇敲矢之类，是皆物感之良能，人习之而不察耳。”唐才常说：“此推求声学之理，最为确当。盖西人声学必藉气形二者而成，故英人田大里（丁铎尔）云：‘传声必凭赖空气，若无空气，不能有声。’……又西人声、光二学，曰浪曰回，实气形相轧之妙用；而紧层生热，松层生冷，俱以有所附丽而成。抑《语类》云‘物感之良能’，即西学所谓耳底之膜能受诸声浪之撞而为脑气筋者也。盖空气各点，相传其动，至耳中空气之点亦动，膜即传其动于司听之脑气筋，而觉其为声，其斯为物感之良能也欤！”

最后，该文阐述西方科学的特点，并以朱熹对于自然的研究与之比

朱子語類已有西人格致之理條證

瀏陽唐才常撰

格致之說自漢儒以來亡慮數十百家惟朱子即物窮理一曾孕羲宓探天人廱閫故其探索氣化之功冠絕羣倫荒落之儒望塵弗及而狃於其知頓悟者自紕繆事功而外即格物致知之理亦以頑空應之浸淫至於前明而承學之士益以其荒渺不可知之論求其所謂明心見性者矣國朝諸儒懲其弊而一肆力紬繹言之有物持之有故跂跡鑿鑿求明阮文達之修曆人江愼修之造機器神智日宣蕫朗方始專意於格致之學其大與平然而光初開圖籍未備叩寂求虛離摥寶藏雖利瑪竇南懷仁湯若望之倫聯翩東土流風漸被靈軌方宏而把其緒波遠之不過步希臘七賢之室理近之不過道阿盧力士託德閫之初枕以視近來泰西格致之學皆研製造茨關所奇強之秘編通造化之機鈴者寗可同年而語哉然則其理遂有精不精者然有志者於斯可自反吾昔人所已逗者如地球渾圓及天靜地動之說大戴記周髀經易乾坤繫度河圖括地象俱已發其覆他如墨于充倉于莊列淮南所言有志之士湔湔以思釃舊義證彼天學氣化光學所自來意欲正其名曰古學以導引中朗智能之民其用心之苦良可欽企則亦揮精格致之先兵也若夫朱于語類所闡明天地自然之理無判中西無殊古今彼高談宋學而深閟固拒輒詫新奇者其亦非新安源洛關之眞健與噬夫三王之道若循環大地之運無終栖科羅之坑填以億兆杪褄而將滿義證以中微晉而非迂近今而後乃知有宋諸儒之用心篤而致力勤哉惜其運甹所超未至於是則其理遂有精不精者然有志者於斯可自反

云具為條舉如左

語類云今坐於此但知地之不動年安知天運於外而地不隨之以動即是地動之說朱子已絕其端又張子云日月旋遶其中者順之意謂天是一動物遶天之中饂天而左旋故覺地右而天左此地動不始於西緯之明

語類云天以氣而依地以形而附天之氣天包乎地地特天中之一物耳夫日天中一物是已確知地球

語類云今歷家却自預先算得又云歲廟朝下詔此定數不足為災異衆今西人亦甚關於災異衆之於云日居上而地居下月在其中斯有日蝕月居上而日

朱子義云冬夏畫夜之長短弗日爲證出漫之所爲乃地之斜四方而然

圖7-1（選自湘報報館編《湘報》，中華書局，2006年）

163

湘報第六十四號　　　二百五十三

人乃是遇此電氣所傷其音竟大與語類符合

右電學

語類問月本無光受日而有光季通六日在地中月行天上所以光者以日氣從地四旁周圍空處進出故月受其光又云月似水月似水日照之則水面光倒射耀上案如前晉則與西人發光之原體合太陽恆星與火日體能生此光又能發此光不受別種雜光之影響故月光之體即日星恆星皆有光今言太陽恆星皆待發光之體則所格致科炎如後言則與西人迴光之說合皆光學中格致之理也

右光學

語類云聲者氣形軋而成兩氣風雷之類兩形桴鼓之類氣軋形如笙簧之類氣軋形氣如羽扇敲矢之類是皆物感之具而人習之而不察耳案此推求聲學之理最為確當蓋西人嘗必藉氣形氣二者而成故英人田大里云傳聲必憑賴空氣若無空氣不能有聲而人在空氣之下則微塵莫不傳聲之故又西人聲光二學日浪日回寶氣形軋之妙用而緊厲生熱鬆厲生冷俱以有所附罷而成抑語類云物感之具能即西學所謂耳底之膜能受諸聲浪之撞而為膽氣筋者也蓋空氣各點相傳其動至耳中空氣之點亦勤膜即傳其勤於司廳之膽氣筋而覺其為聲其斯為物感之具能也歟

右聲學

謹案西人諸學大抵以以太為主而體察其何以速何以重何以攝何以漲何以燕之為聲何以鼓之為聲何以傳力傳光傳熱何以分氣質流質定質何以神造物之功用何以妙世界之邊魂皆有空氣中之以太運之又事事必實驗諸天地日月星辰風雨雷電師其鼓蕩之功以為阿屯之積元化胚胎遂乃昭蘇自目流光榮所遁匿格致之業斯矣有宋朱子深明氣化之原凡天地人物亦抉其所以然而後已而其云天下之萬殊出於一闔一闢天下之萬數出於一奇一偶一靜一動天下之萬象出於一方一員之萬殊出於一闔一闢天下尤能揭天算氣化聲光等學之宏綱照示萬世特當時事何未開未立各學名目以施之實用後世遞有專鄙宋儒為空陋汙疏無神緯術者今一以西學證之乃知其理甚實其用甚宏而即物窮理之淘不諉也應就朱子而言格致實則根據爾支其人者乎至西人臨性情膈氣魄魂諸用亦多與驚類印合然空理名理之酸浩渺精深非一時所能辯故且臚其徵諸實驗者於此

图7-2（选自湘报报馆编《湘报》，中华书局，2006年）

164

图7-3

较，指出："西人诸学，大抵以'以太'为主，而体察其何以速，何以重，何以摄，何以涨，何以蒸之为汽，何以鼓之为声，何以能传力、传光、传热，何以分气质、流质、定质，何以神造物之功用，何以妙世界之灵魂，皆有空气中之以太运之。又事事必实验诸天地、日月星辰、风雨雷电，师其鼓荡之功，以为阿屯之积。元化胚胎，遂乃昭苏；白日流光，奚所遁匿。格致之业，斯云精矣。有宋朱子，深明气化之原，凡天地人物，亦必挟其所以然而后已。而其云天下之万声出于一阖一辟，天下之万理出于一动一静，天下之万数出于一奇一偶，天下之万象出于一方一员（圆），尤能揭天算、气化、声、光等学之宏纲，昭示万世；特当时事会未开，未立各学名目，以施之实用，后世遂有专鄙宋儒为空陋迂疏，无裨学术者。今一以西学证之，乃知其理甚实，其用甚宏，而即物穷理之洵不诬也。噫！就朱子而言格致，既为西学中之阿卢力士托德尔（亚里士多德），苟精而求之，安知无贝根（培根）、达尔文其人者乎？至西人论性情、脑气、灵魂诸用，亦多与《语类》印合，然空理名理之谈，浩渺精深，非一时所能罄，故且胪其征诸实验者于此。"

（二）谢无量的《朱子学派》（1916年）[①]

谢无量以撰写民国时期第一部以"中国哲学史"命名的学术著作《中国哲学史》而受到学术界的关注；同时，他还撰写了民国时期第一部以朱子学为专题的学术著作《朱子学派》。该书第二编"本论"第一章"朱子哲学"有"太极及理气二元论"、"宇宙发生论"和"鬼神论"三节。其中"宇宙发生论"一节，专门阐述了朱熹的宇宙发生论：

理只是一个，气自然便有两个，即阴、阳是也。横渠谓"一故神，两故化"。"一"即是理，"两"即是气。"神"所以为万物实体，"化"故万物由此发生。天地亦一物，亦气所生。朱子曰："天地但阴阳之一物，依旧是阴阳之气所生也。"又曰："问：'天之所以高

---

① 谢无量：《朱子学派》，上海中华书局，1916年。

深。'曰：'天只是气，非独是高。只今人在地上，便只见得如此高。要之连地下亦是天。'"盖天地俱在气中，故连地下亦是天。列子所谓天积气是也。又曰："天地初间，只是阴阳之气。这一个气运行，磨来磨去，磨得急了，便拶许多渣滓。里面无处出，便结成个地在中央。气之清者，便为天，为日月，为星辰。"又曰："天居四时，地居其中。减得一尺地，遂有一尺气。但人不见耳，此是未成形者。及至浮而上、降而下，则已成形者。若融结糟粕煨烬，即是气之渣滓。要之，能示人以理。"朱子以地居气中，气即是天。气轻而地重，故地即气之渣滓也。当时科学未明，故朱子于天地之论证，或未能如今之密合，然其意固在显示此理，亦自无有异耳。凡有气即有理，气中之理，即是生生不已之心。故又曰："天地别无勾当，只是以生物为心。一元之气，运转流通，略无停间，只是生出许多万物而已。问：'程子谓天地无心而成化，圣人有心而无为。'曰：'这是说天地无心处。且如四时行，百物生，天地何所容心？至于圣人，则顺理而已，复何为哉？所以明道云：天地之常，以其心普万物而无心；圣人之常，以其情顺万事而无性。说得最好。'"盖有心处即是理，无心处即是气。故又曰："万物生长，是天地无心时；枯槁欲生，是天地有心时。"已经生长，则有形可见，故为无心之气；欲生之时，无形可见，故为有心之理。此宇宙万物发生之通则也。

又譬论宇宙发生之作用曰："造化之运，如磨上面常转而不止。万物之生，似磨中撒出，有粗有细，自是不齐。"又曰："天地之形，如人以两碗相合，贮水于内。以手常常掉开，则水在内不出；稍住手，则水漏矣。"又曰："昼夜运而无息，便是阴阳之两端。其四边散出纷扰者，便是游气。以生人物之万殊，如面磨相似，其四边只管层层散出。天地之气，运转无已，只管层层生出人物。其中有粗有细，如人物有偏有正。"又论天地成毁曰："问：'自开辟以来，至今未万年，不知已前如何？'曰：'已前亦须如此一番明白来。'又问：'天地会坏否？'曰：'不会坏。只是相将人无道极了，便一齐打合，混沌一番。

人物都尽，又重新起。'"此所谓不坏者，即是坏，但不断绝耳。故又曰："或问：'天地坏也，不坏？'曰：'既有形气，如何得不坏？但一个坏了，便有一个生得来。'"凡有形有气，无不坏者。坏已复生，不知其极。天地亦不能不坏，坏已不能不生。气之作用如此。

世间风雨、雪雹、霜露之类，皆是气所发生。《语类》曰："横渠云：'阳为阴累，则相持为雨而降。'阳气正升，忽遇阴气，则相持而下为雨。盖阳气轻，阴气重，故阳气为阴气压而下也。'阴为阳得，则飘扬为云而升。'阴气正升，忽遇阳气，则助之飞腾而上为云也。'阴气凝聚，阳在内者不得出，则奋击而为雷霆。'阳气伏于阴气之内不得出，故爆开而为雷也。'阳在外者不得入，则周旋不舍而为风。'阴气凝结于内，阳气欲入不得，故旋绕其外不已而为风，至吹散阴气尽乃已也。'和而散即为霜雪、雨露；不和而散，则为戾气、噎霾'，戾气，飞雹之类，噎霾，黄雾之类，皆阴阳、邪恶、不正之气。所以雹水秽浊，或青黑色。"又："问雷电，程子云：'只是气相摩轧。'然否？曰：'然。'"又谓："雷斧之属，亦是气聚而成者。但已有渣滓，便散不得。"朱子论天地间气象变化，已有近于科学矣。

（三）赵兰坪的《中国哲学史（卷下）》（1925年）[①]

赵兰坪的三卷本《中国哲学史》是根据日本高濑武次郎《中国哲学史》编译而成，其中第三卷"近世哲学史"第一篇"宋代哲学"（乙）"南宋哲学"第二章"朱子"的"结论"指出：

朱子之天地万物生成论，乃集古来之普通思想而大成之者。如"天地始初混沌未分时，想只有水火二者。水之渣脚便成地。今登高而望，群山皆为波浪之状，便是水泛如此。只不知因甚么事凝了。初间极软，后方凝得硬"等语，今之地文学之新说，亦不过如是。

---

① 赵兰坪：《中国哲学史（卷下）》，上海国立暨南学校出版部，1925年。

（四）江恒源的《中国先哲人性论》（1926年）[1]

江恒源的《中国先哲人性论》第四篇（九）"朱熹的论性学说"在阐述了朱熹的形而上学的理论之后又探讨了朱熹的宇宙论，指出：

朱子推论宇宙万物发生生长的原因及状况，颇带一点自然科学的意味……我们且看他论宇宙成因的几段话，如下："天地初开，只是阴阳之气。这一个气运行，磨来磨去，磨得急了，便拶许多渣滓。里面无处出，便结成个地在中央。气之清者，便为天，为日月，为星辰。""天居四时，地居其中，减得一尺地，遂有一尺气，但人不见耳；此是未成形者。及至浮而上、降而下，则已成形者。若融结糟粕煨烬，即是气之渣滓。要之，能示人以理。""天地始初混沌未分时，想只有水火二者；水之渣脚便成地。今登高而望，群山皆为波浪之状，便是水泛如此。只不知因甚么事凝了。初间极软，后方凝得硬。"并且论宇宙所以成立状况说："天地之形，如人以两碗相合，贮水于内。以手常常掉开，则水在内不出；稍住手，则水漏矣。"观以上所引各段话，虽未必真能和最近科学一一吻合，但在七八百年以前，已能具有如此思想，的确也算不容易了。

（五）常乃悳的《中国思想小史》（1930年）[2]

常乃悳的《中国思想小史》第十三章"理学的大成和独占"，阐述朱熹理学。他认为，朱熹是个"博学多能的人物"，"甚至竟有类似近世科学的言论"。他引朱熹所言"天地始初，混沌未分时，想只有水火二者。水之渣脚便成地。今登高而望，群山皆为波浪之状，便是水泛如此。只不知因甚么事凝了。初间极软，后方凝得硬"，"尝见高山有螺蚌壳，或生石中，此石即旧日之土，螺蚌即水中之物。下者却变而为高，柔者却变而为刚，此事思之至深，有可验者"，并且指出："这些

① 江恒源：《中国先哲人性论》，上海商务印书馆，1926年。
② 常乃悳：《中国思想小史》，上海中华书局，1930年。

话虽未尽符近世自然科学的发现，但在700年前的人物能够注意到这些道理，也可谓不凡了。原来朱氏之学本从格物入手，他的穷理致知之说，实在是近代科学家的态度。"

（六）吕思勉的《理学纲要》（1931年）[①]

吕思勉以史学而著称，同时对宋明理学也有深入的研究。1926年，吕思勉在上海沪江大学讲授"中国哲学史"，并编成讲义《理学纲要》于1931年出版；该书的篇八：晦庵之学，阐述了朱熹的理气论、宇宙生成论、鬼神论、心性论、道德论以及致知论等。吕思勉指出：

理学家之所谓理，则必贯通万事而无碍，乃足以当之。盖就知识言，必于万事万物，无所不晓，而其所知乃真。以行为言，必其所知既真，而所行始可蕲其不缪也。此等思想，在今日科学既明，固已知其徒存虚愿。然在昔日，哲学家之愿望，固多如是。职是故，理学家之于物理，亦多有格致之功。以此虽非急务，固亦在其学问之范围内也。朱子之好学深思，实非寻常理学家所及。故于物理，探索尤勤，发明亦多。衡以科学，固多不足信。然自是当时哲学家一种见解；而于其学问宗旨，亦多有关系，固不可以不知也。今试略述其说如下：

朱子推想宇宙之生成，亦以阴阳五行之说为本。其言曰："天地始初混沌未分时，想只有水火二者。水之滓脚便成地。今登高而望，群山皆为波浪之状，便是水泛如此。只不知因甚么事凝了。初间极软，后方凝得硬。问：想得如潮水涌起沙相似。曰：然。水之极浊便成地；火之极清，便成风云雷电日星之属。"又曰："天地初开，只是阴阳之气。这一个气运行，磨来磨去。磨得急了，便拶许多渣滓。里面无处出，便结成个地在中央。气之清者，便为天，为日月，为星辰，只在外常周环运转。地便在中央不动，不是在下。"又曰："造化之运如磨。上面常转而不止。万物之生，似磨中撒出。有粗有细，自是不齐。"又曰：

---

① 吕思勉：《理学纲要》，上海商务印书馆，1931年。

"昼夜运而无息，便是阴阳之两端。其四边散出纷扰者，便是游气，生人物之万殊。如磨面相似。其四边只管层层散出。天地之气，运转无已，只管层层生出人物。其中有粗有细，如人物有偏有正。"朱子设想宇宙之生成如此。

又推想宇宙之毁坏。其见地，亦与旧说所谓浑沌者同。《语类》："问天地会坏否？曰：不会坏。只是相将人无道极了，便一齐打合，混沌一番，人物都尽。此所谓不坏者，即是坏，但不断绝耳。"又曰："万物浑沦未判，阴阳之气，混合幽暗。及其既分，中间放得开阔光朗，而两仪始立。邵康节以十二万九千六百年为一元，则是十二万九千六百年之前，又是一个大开辟。更以上亦复如此。真是动静无端，阴阳无始，小者大之影，只昼夜便可见。五峰所谓一气大息，震荡无垠。海宇变动，山勃川湮。人物消尽，旧迹大灭。是谓洪荒之世。尝见高山有螺蚌壳，或生石中。此石即旧日之土，螺蚌即水中之物。下者却变而为高，柔者却变而为刚。"云："有形有气，无不坏者。天地亦不能不坏，坏已不能不生。"可见其深信物理规则。又谓"虽坏而不断绝"；"动静无端，阴阳无始"；则其说，虽置之认识论中，亦无病矣。

（七）陈钟凡的《两宋思想述评（七）十二章"朱熹之综合学说"》（1931年）①

陈钟凡以古典文学而著称，同时对宋代思想史也有颇多研究。他的《两宋思想述评（七）十二章"朱熹之综合学说"》对朱熹的学术思想作了全面阐述。该文后来收入1931年出版的《两宋思想述评》。

该文在对朱熹宇宙论的阐述中，讨论了朱熹对于自然现象之说明，指出："熹本张载之说，谓天地由清浊之气凝结而成。"并且认为，朱熹关于天地由于"气"的运转而形成以及天地运行不息而互相维系的原

---

① 陈钟凡：《两宋思想述评（七）十二章"朱熹之综合学说"》，《学艺》，1931年，第11卷第7号。

理，一直为后世所接受，"虽精粗有别，其原理则无异"；但是又说："惟言地居中不动，天以气而依地之形，地以形而附天之气。则思致不能如近代科学之精密也。"该文还说："其他推论玑衡、黄赤道、日月经度、日月蚀、弦望、潮汐，及风雨雷霆之原因，并有说明，较之张载，尤为密察。"但是又认为，朱熹对自然现象之说明，"其说虽视张载、程颐为密，究未足入近世科学之林，则以其说多由臆测，非由仪器以测知，本数理以推验也"。

（八）姚廷杰的《朱学钩玄》（1934年）[①]

姚廷杰的《朱学钩玄》指出："周秦以来，儒者富有科学精神，首推朱子……其观察自然现象，亦多精确。"接着，该文引述朱熹的一些关于自然的言论，并且指出："朱子生当七百年前科学尚未萌芽时代，而所见已颇类近世科学家，其眼光之远到为何如？使元明诸儒能继续光大，则科学之兴，早在吾国矣。"后来又说："朱学早已含有科学精神。试观其诠格物致知，与其论风霆、雷雨、死生、鬼神之政，虽不逮近人之精确，而莫不具有科学精神。"[②]

（九）吕振羽的《中国政治思想史》（1947年）[③]

吕振羽是以马克思主义理论为指导研究中国传统学术思想的重要学者。1937年，他的《中国政治思想史》出版；1947年，该书增订本出版。该书的第九编第二章中的"朱熹的折衷主义"，分为：甲，"朱熹传略"；乙，"作为朱熹哲学之认识论的'理''气'二元论"；丙，"折衷主义的政治论"。

对于朱熹的天文学研究，吕振羽说："他肯定地球形成的过程，是由气体凝聚，然后成为流质体，后来便慢慢冷却成为硬壳体，并肯定地

---

① 姚廷杰：《朱学钩玄》，《国学论衡》，1934年第3期。
② 姚廷杰：《朱王戴三家学术概论》，《国学论衡》，1936年第7期。
③ 吕振羽：《中国政治思想史》（增订本），上海生活书店，1947年。

球为圆形体，又认为月本身没有光，其发出的光，是吸收日光的反射，这都是有其盖然的正确性，也是朱熹对天文学的伟大贡献。"

二、民国时期朱熹格致说与科学关系的讨论

（一）胡适对朱熹格致说与科学关系的阐述

作为民国时期新文化运动的领袖之一，胡适从科学的角度诠释朱熹的格物致知说，发掘其科学的内涵，同时进一步从朱熹格物致知说与科学方法的比较分析中，从对中国近代科学为什么落后的思考中，深入考察朱熹格物致知说对于科学研究所存在的诸多问题和缺陷。

1917年，胡适完成的博士论文《先秦名学史》[1]关注于古代中国逻辑方法的发展，并在《导论：逻辑与哲学》中讨论了宋代程朱以及明代王阳明对于《大学》"格物致知"的不同诠释，指出："程氏兄弟及朱熹给'格物'一语的解释十分接近归纳方法：即从寻求事物的理开始，旨在借着综合而得最后的启迪。但这是没有对程序作出详细规定的归纳方法……王阳明企图穷究竹子之理的故事，就是表明缺乏必要的归纳程序的归纳方法而终归无效的极好例证。"然而又说："即使宋学探求事事物物之理，也只是研究'诚意'以'正心'。他们对自然客体的研究提不出科学的方法，也把自己局限于伦理与政治哲学的问题之中。因此，在近代中国哲学的这两个伟大时期中，都没有对科学的发展作出任何贡献。可能还有许多其他原因足以说明中国之所以缺乏科学研究，但可以毫不夸张地说，哲学方法的性质是其中最重要的原因之一。"这里提出了三个问题：其一，程朱对于"格物"的解释"十分接近归纳方法"；其二，程朱的"格物"并没有"对程序作出详细规定"；其三，

---

[1] 胡适：《先秦名学史》，《胡适全集》（第5卷），安徽教育出版社，2003年。

宋学的"格物"在于"研究'诚意'以'正心'"，而不在于研究自然科学，所以"没有对科学的发展作出任何贡献"。胡适的这些观点在后来得到了进一步的讨论和完善。

1919年，胡适发表《清代汉学家的科学方法》①（后更名为《清代学者的治学方法》），着重分析清代学者的治学方法与西方近代科学的研究方法所具有的相通性，并进一步讨论了与清代学者治学方法相关的朱熹格物致知说以及中国近代科学为什么落后等问题。

该文对朱熹《大学章句》"格物致知"补传作了解说，认为其中所言"即物而穷其理"是自己去到事物上寻出物的道理来，"这便是归纳的精神"；"即凡天下之物，莫不因其已知之理而益穷之，以求至乎其极"，"这是很伟大的希望，科学的目的，也不过如此"。至于有了这种方法，为什么科学会落后，胡适提出了三个原因：其一，"科学的工具器械不够用"；其二，"没有科学应用的需要"；其三，"他们既不讲实用，又不能有纯粹的爱真理的态度"。胡适还说："他们口说'致知'，但他们所希望的，并不是这个物的理和那个物的理，乃是一种最后的绝对真理……宋儒虽然说'今日格一事，明日格一事'，但他们的目的并不在今日明日格的这一事。他们所希望的是那'一旦豁然贯通'的绝对的智慧。这是科学的反面。科学所求的知识正是这物那物的道理，并不妄想那最后的无上智慧。丢了具体的物理，去求那'一旦豁然贯通'的大彻大悟，决没有科学。"

该文还认为，程朱的格致说，作为科学方法，其本身也有一大缺点："科学方法的两个重要部分，一是假设，一是实验。没有假设，便用不着实验。宋儒讲格物全不注重假设。"在胡适看来，程朱的格致说讲的是"'不役其知'的格物"，"是完全被动的观察，没有假设的解释，也不用实验的证明。这种格物如何能有科学的发明？"胡适还说："程朱的格物论注重'即物而穷其理'，是很有归纳的精神的。可惜他

---

① 胡适：《清代汉学家的科学方法》，《北京大学月刊》，1919年第1卷第5号。

走进大自然的宋代大儒

清代漢學家的科學方法

胡　適

I

研究歐洲學術史的人知道科學方法不是專講方法論的哲學家所發明的,是實驗室裏的科學家所發明的;不是亞里士多德(Aristotle),倍根(Bacon),彌兒(Mill)一般人提倡出來的,是格利類(Galileo),牛敦(Newton),物里斯萊(Priestley)……一般人實地試行出來的。即如世人所推為歸納論理的始祖的倍根,他不過曾提倡知識的實用和事實的重要,故略帶著科學的精神。其實他所主張的方法,實行起來,全不能適用,決不能當"科學方法"的徽號。後來科學大發達,科學的方法已經成了一切實驗室的公用品,故彌兒能把那時科學家所用的方法編理出來,稱為歸納法的五種細則。但是彌兒的區分,依科學家的眼光看來,仍舊不是科學用來發明真理解釋自然的方法的全部。彌兒和倍根都把演繹法看得太輕了,以為只有歸納法是科學方法。近來的科學家和哲學家漸漸的懂得假設和證驗都是科學方法所不可少的主要分子;漸漸的明白科學方法不單是歸納法,是演繹和歸納相互為用的,忽而歸納,忽而演繹,忽而又歸納,——時而由個體事物到全稱的通則,時而由全稱的假設到個體的事實,——都是不可少的。我們試看古今來多少科學的大發明,便可明白這個道理。更淺一點,我們走進化學實驗室裏去做完一小盒材料的定性分析,也就可以明白科學的方法不單是歸納一項了。

歐洲科學發達了二三百年,直到於今方才有比較的圓滿的科學方法論。這都是因為高談方法的哲學家和發明方法的科學家向來

图7－3

決沒有科學。

　　再論這方法本身也有一個大缺點。　科學方法的兩個重要部分，一是假設，一是實驗。　沒有假設，便用不著實驗。　宋儒講格物全不注重假設。　如小程子說"致知在格物，物來則知起。物各付物，不役其知，則意誠不動"。　天下那有"不役其知"的格物？這是受了樂記和淮南子所說"人生而靜，天之性也；感於物而動，性之欲也"，那種知識論的毒。"不役其知"的格物，是完全被動的觀察，沒有假設的解釋，也不用實驗的證明。　這種格物如何能有科學的發明？

　　但是我們平心而論，宋儒的格物說，究竟可算得是含有一點歸納的精神。　"卽凡天下之物，莫不因其已知之理而益窮之"，一句話裏，的確含有科學的基礎。　朱子一生有時頗能做一點實地的觀察。　我且舉朱子語錄裏的兩個例：——

　　　　()今登高山而望，羣山皆爲波浪之狀，便是水泛如此。只不知因甚麼事凝了。

　　　　(2)嘗見高山有螺蚌殼或生石中。　此石卽舊日之土，螺蚌卽水中之物。　下者却變而爲高，柔者却變而爲剛。　此事思之至深，有可驗者。

　　這兩條都可見朱子頗能實行格物。　他這種觀察，斷案雖不正確，已很可使人佩服。　後來西洋的地質學者，觀察這種現狀，加上膽大的假設，作爲有系統的研究，便成了歷史的地質學。

III

　　起初小程子把"格物"的物字解作"語其大至天地之高厚，語其小至一物之所以然"，又解作"自一身之中，至萬物之理"。　這個"物"的範圍，簡直是科學的範圍。　但是當科學機械不完備的時候，這樣的科學野心不但做不到，簡直是妄想。　所以小程子自己先把物的範圍縮小

圖7-4

们存一种被动的态度，要想'不役其知'，以求那豁然贯通的最后一步。那一方面，陆王的学说主张真理即在心中，抬高个人的思想，用良知的标准来解脱'传注'的束缚。这种自动的精神很可以补救程朱一派的被动的格物法。"

尽管如此，胡适还是强调："宋儒的格物说，究竟可算得是含有一点归纳的精神。'即凡天下之物，莫不因其已知之理而益穷之'一句话里，的确含有科学的基础。"他还引述《朱子语类》中的两段语录："今登高而望，群山皆为波浪之状，便是水泛如此，只不知因甚么事凝了。""尝见高山有螺蚌壳，或生石中。此石即旧日之土，螺蚌即水中之物。下者却变而为高，柔者却变而为刚。此事思之至深，有可验者。"并且指出："这两条都可见朱子颇能实行格物。他这种观察，断案虽不正确，已很可使人佩服。后来西洋的地质学者，观察同类的现状，加上胆大的假设，作为有系统的研究，便成了历史的地质学。"

显然，胡适《清代学者的治学方法》肯定朱熹的格致说具有科学的内涵，并且认为，朱熹通过格物，观察自然，取得了一定的成就；同时又指出朱熹格致说，作为科学方法，其本身存在着缺点。

1924年，胡适在《戴东原在中国哲学史上的位置》①一文中认为，朱熹的格物致知是要"即凡天下之物，莫不因其已知之理而益穷之，以求致乎其极"，"这是科学家穷理的精神"，"是程朱一派的特别贡献"。但是又认为，程朱具有"把'理'看作'如有物焉得于天而具于心'"的错误，"容易把主观偏执的'意见'认作'理'，认作'天理'"，因此，虽然也曾说"即物而穷其理"，"但他们把理看作无所不在的浑沦的天理，所以后来终于回到冥心求理的内功路上去"。

1927年，胡适的《戴东原的哲学》②出版。在对戴震的学术研究方法与程朱的格物穷理进行比较时，该文明确指出："宋儒虽说'即物而

---

① 胡适：《戴东原在中国哲学史上的位置》，《胡适全集》第6卷，安徽教育出版社，2003年。
② 胡适：《戴东原的哲学》，《胡适全集》第6卷，安徽教育出版社，2003年。

穷其理',但他们终不曾说出怎样下手的方法。"并且认为,程朱说穷理,有两个根本错误:"一是说理得于天而具于心,一是说理一而分殊。"对此,该文进一步指出:"程朱一派虽说'吾心之明莫不有知,而天下之物莫不有理',然而他们主张理即是性,得之天而具于吾心……程朱的格物说所以不能彻底,也正因为他们对于理字不曾有彻底的了解。他们常说'即物而穷其理',然而他们同时又主张静坐省察那喜怒哀乐未发之前的气象。于是久而久之,那即物穷理的也就都变成内观返视了。"又说:"程朱终是从道家、禅家出来的,故虽也谈格物致知,而终不能抛弃主敬;他们所谓主敬,又往往偏重静坐存理,殊不知格物是要去格的,致知是要去致的,岂是静坐的人干得的事业?"并且还说:"宋儒虽然也说格物穷理,但他们根本错在把理看作无所不在的一个,所以说'一本而万殊'。他们虽说'万殊',而其实只妄想求那'一本';所以程朱论格物,虽说'今日格一事,明日格一事',而其实只妄想那'一旦豁然贯通'时的'表里精粗无不尽,而吾心之全体大用无不明'。"又说:"程朱在当时都是从中古的宗教里打了一个滚出来,所以不能完全脱离宗教的影响。既说"即物而穷其理"了,又不肯抛弃笼统的理,终要妄想'那一旦豁然贯通'的大觉悟。这是程朱的根本错误。"

1933年,胡适作《格致与科学》[①]一文,其中引朱熹"格物致知"补传所言"天下之物莫不有理,而吾心之明莫不有知……即凡天下之物,莫不因其已知之理而益穷之,以求至乎其极",指出:"即(就)物穷理,是格物;求至乎其极,是致知。这确是科学的目标。"还说:"程子、朱子说的格物方法,也很可注意。他们教人:今日格一物,明日又格一物;今日穷一理,明日又穷一理。只要积累多了,自然有豁然贯通的日子。程子、朱子确是有了科学的目标、范围、方法。"

至于中国科学为什么后来会落后,胡适说:"是因为中国的学者

---

① 胡适:《戴东原的哲学》,《胡适全集》第6卷,安徽教育出版社,2003年。

向来就没有动手动脚去玩弄自然界实物的遗风……从不肯去亲近实物。他们至多能做一点表面的观察和思考，不肯用全部精力去研究自然界的实物。久而久之，他们也觉得'物'的范围太广泛了，没有法子应付。所以程子首先把'物'的范围缩小到三项：（一）读书穷理，（二）尚论古人，（三）应事接物。后来程朱一派都依着这三项的小范围，把那'凡天下之物'的大范围完全丢了。范围越缩越小，后来竟从'读书穷理'更缩到'居敬穷理'，'静坐穷理'，离科学的境界更远了。"

该文最后说："我们中国人的科学遗产只有两件：一是程子、朱子提出的'即物穷理'的科学目标，一是三百年来朴学家实行的'实事求是'的科学精神与方法。"

总之，在胡适看来，朱熹的格致说就概念和思想而言，具有科学的内涵，包含了科学的目标、范围、方法。显然，他对于朱熹格致说的科学价值以及朱熹本人通过格物观察自然所取得的成就，给予了充分的肯定。与此同时，他又认为，朱熹的格致说，在实践中，又存在着诸多问题：就目标而言，格物的最终目的在于把握得于天而具于心的"天理"，同时也是统摄"万殊"的一理；就范围而言，格物局限于"读书穷理"；就方法而言，强调"冥心求理"、"居敬穷理"、"静坐穷理"，即使是研究自然物，也缺乏假设、实验，所以离科学还很远。

（二）对于胡适观点的不同反响

1. 朱谦之的《〈大学〉研究》（1926年）[1]

朱谦之的《〈大学〉研究》载于1926年出版的《谦之文存》。该文赞同胡适的观点，认为朱熹《大学章句》的"格物致知"补传"的确是含有一点归纳的精神，的确含有科学的基础的方法论"，并且还指出："虽然他们所求者，或者不是这个物的真理，那个物的真理，乃是'至

---

① 朱谦之：《〈大学〉研究》，《谦之文存》，上海泰东图书局，1926年。

于用力之久，而一旦豁然贯通'的哲学上的绝对真理。但他们的哲学是以科学方法为依据，这一点无论如何是不能否认的。"

2. 李石岑的《人生哲学》（1926年）[①]

李石岑的《人生哲学》第三章"东西哲学对于人生问题解答之异同"第三节"中国哲学方面之观察"中的"宋明诸哲之人生观"，在论及朱熹时指出："朱晦庵的格物，完全是本着程颐川'今日格一件，明日又格一件'的精神，和近代科学上归纳的研究法很相似。他这种说法，影响于中国学术界很不小。后来由明而清，有许多看重知识、看重考证的学派，可以说大半是受了这种格物说的暗示。"1930年，蔡尚思的《中国学术大纲》出版，引述了李石岑的这段言论。

3. 周予同的《朱熹》（1929年）[②]

周予同以经学史家而闻名于世，同时他也是民国时期重要的朱子学研究者。他的《朱熹》第三章"朱熹之哲学"第三节"认识论"有"致知与格物"一节，对朱熹格物论与近代科学的关系作了论述。

在周予同看来，朱熹格物论的方法为归纳法，而"含有近代科学之精神"。但是又说："程、朱之格物论，非绝对的，而为相对的；非逐物的实验，而为依类的推论；其所以略有科学的精神者在此，而其所以终无科学的成绩者亦在此。"对此，周予同作了进一步探讨，认为这既有当时"科学环境之贫乏"的原因，包括当时"缺乏科学应用之需要"以及"科学之工具器械太贫乏"，也有"本身方法之缺陷"的原因："第一，因程、朱之所谓格物，其目的不在于此物或彼物之理，而在于最后之绝对真理或绝对智慧"，"着眼于'一旦豁然贯通'之顿悟的禅学的之最后境界"；"第二，科学方法之重要部分，一为实验，一为假设；但程、朱之所谓格物，仅有观察而无假设。"周予同还引朱熹所云

---

① 李石岑：《人生哲学》，上海商务印书馆，1926年。
② 周予同：《朱熹》，上海商务印书馆，1929年。

"今登高而望，群山皆为波浪之状，便是水泛如此。只不知因甚么事凝了"；"尝见高山有螺蚌壳，或生石中，此石即旧日之土，螺蚌即水中之物。下者却变而为高，柔者变而为刚，此事思之至深，有可验者"，指出："此不能谓非实地的观察，然因无假设之故，仅成为对于自然界之零碎见解，而不能发展为独成一科之地质学。"

4. 吴其昌的《朱子之根本精神——即物穷理》（1930年）[①]

吴其昌是民国时期著名的历史学家，在朱子学研究方面也颇有造诣。他曾在《朱子传经史略》（1923年）指出："集我国学术之大成者，朱子也。朱子于学无所不造其极，于吾国之国粹无论矣！即今日欧西之物质科学，在利玛窦、汤若望未莅华以前，若天文学，若地文学，若地质学，若气学，若光学，若声学，若电学，朱子皆已一一能明其端倪。近世浏阳唐才常分列以上诸项，而取《朱子语类》条附之，可考也。"

他的《朱子之根本精神——即物穷理》开宗明义指出："'即物穷理'、'致知格物'为朱子伟大精神之表现。"接着，通过与惠施的比较，讨论朱熹格物致知说所蕴含科学精神的思想渊源，并进一步阐述朱熹《大学章句》"格物致知"补传所包含的科学方法和态度，以及与中国近代科学落后的关系。

该文认为，朱熹格物致知说所蕴含的科学方法和态度是：其一"格物须先从实体着手"；其二"今日格一件，明日格一件，一件不漏"；其三"格物须用彻底之态度以求真知"。吴其昌说："此三信条，联合而观之，朱子格物之界说始明了，基础始确定，合而为一言，即'格物者，必须凭藉实物，逐物逐件，彻底研究之也。'"吴其昌还说："在七百余年前，中国学者中已有此种最忠实态度之宣言，转可为吾民族骄傲也。"

该文还特别例举了朱熹通过"即物穷理"研究天地结构以及其他各

---

① 吴其昌：《朱子之根本精神——即物穷理》，《大公报·文学副刊》第146期，1930年10月27日。

图 7 - 5

种自然现象而做出的一些"推想",并且进一步认为,朱熹"实有'实验'精神",指出:"一部《朱子语类》,'推想'多而'实验'少,其几率当为九十五与五,然谓无'实验'则不可也。"还说:"在朱子当时之所以生如此推想者,则在朱子个人,亦已由实验而得矣。"吴其昌还认为,朱熹的有些推想,虽然不合于理,但是"其所据以证验之方式,则近于理,犹为可尚也",而且,这是"中国稚弱的原始的科学思想之种子"。

该文最后指出:"朱子之客观实验态度,实筚路蓝缕指示一曙光曦微之道路,不幸南宋所谓'理学家'者,无一具晦翁之头脑,相率而误入歧途,复归于清谈。历短促之胡元而入于明清,八股化之脑筋,更根本与此种思想、方法为深仇,必欲扑灭之使无丝毫存在而后已。故'格物'之说,痛斥于明人;'辟伪'之论,深恶于清儒,使此曙光曦微之道路,及朱子身殁而复塞,历宋元明清,外表阳尊朱子,奉之如在天上,而朱子之学则早已及身灭绝无噍类矣,此吾民族之深悲奇耻也。使当时能循此道路,改进之,发挥光大之,则此八百年中,当有无数十倍、百倍、千倍朱子其人者挺生,则中国科学之发达,又安知必不如欧洲哉!"

5. 冯友兰的《朱熹哲学》(1932年)[①]

冯友兰是民国时期最重要的中国哲学史家、朱子学家。他的《朱熹哲学》认为,朱熹《大学章句》"格物致知"补传讲的是"格物之修养方法"。该文还注曰:"朱子所说格物,实为修养方法,其目的在于明吾心之全体大用。即陆、王一派之理学家批评朱子此说,亦视之为一修养方法而批评之。若以此为朱子之科学精神,以为此乃专为求知识者,则诬朱子矣。"该文后来收入1934年出版的《中国哲学史》。

---

① 冯友兰:《朱熹哲学》,《清华学报》,1932年第7卷第2期。

6. 牟宗三的《朱王对话——向外求理与向内求理》（1936年）[1]

牟宗三的《朱王对话——向外求理与向内求理》以模拟朱熹与王阳明对话的方式，阐发朱王在格物致知说上的差异，涉及朱熹格物致知说与科学的关系。

在该文中，牟宗三认为，朱熹的"即物穷理"可以为现代科学家所接受，但是又明确认为，朱熹没有"做过科学家的功夫"，不是科学家。他模拟朱熹所说："我若是科学家，中国早就有了科学了，不必现在的胡适出风头了。我们中国这一方面的圣哲始终就没有实际即物而穷过理，我也不能例外。现在一般后生小子都说我做过科学家的功夫，其实都是附会，我实不敢当。不过我近来稍涉西学，足证'即物穷理'这个命题不算错吧了！""我的'即物穷理'有三个涵义：（一）科学家可以应用；（二）我们道学家可以应用；（三）理是普遍的存在，在科学家为物理，在道学家为伦理。科学家因'即物穷理'而得概然之自然律；道学家因'即物穷理'而时时警惕以归于至当。"

7. 高名凯的《朱子论心》（1935年）[2]

高名凯以研究汉语语法、语言学理论而著称，民国时期对朱子学亦有所研究，并发表《朱子论理气》《朱子论心》等学术论文。《朱子论心》认为，朱子哲学的"心"是自然主义的，"不但认人有心，即其他一切万物也有心。一切自然界中的任何东西都有心"，所以，"人之心与一切万物的心是连接的"，人之心与万物之理"相流通"。既然如此，"朱子不能不接着主张致知格物的学说"。该文还说："格物致知既然要穷天下万物之理，可见这种思想不但与科学没有冲突，而且大有助长科学发达的势头。我们读朱子的书，看到他对于心的理论，就可以明白中国人的思想不见得可以障碍科学的发展，中国科学之不发达是国人不努力的结果，并非思想的障碍。"

---

[1] 牟宗三：《朱王对话——向外求理与向内求理》，《民国日报·哲学周刊》第18期，1936年1月1日。
[2] 高名凯：《朱子论心》，《正风半月刊》，1935年第1卷第16期至第18期。

8. 贺麟的《宋儒的思想方法》（1936年）[①]

贺麟以研究德国黑格尔哲学而闻名。他的《宋儒的思想方法》指出："自从胡适之先生发表了《汉学家的科学方法》一文后，似乎很少有人持异议。但宋儒的思想方法究竟是什么，论者似尚莫衷一是。本文的主旨即在于消极方面指出宋儒的思想方法不是科学方法，积极方面指出宋儒，不论朱陆两派，其思想方法均依我们所了解的直觉法。""依我的说法，朱子的格物，既非探求自然知识的科学方法(如实验方法、数学方法等)，亦非与主静主敬同其作用的修养方法，而乃是寻求哲学或性理学知识的直觉方法，亦称体验或体认的方法。直觉方法乃是寻求哲学知识的主要方法，虽非科学方法，但并不违反科学违反理智，且有时科学家亦偶尔一用直觉方法，而用直觉方法的哲学家，偶尔亦可发现自然的科学知识。朱子之所以能根据他的格物穷理的直觉方法以建立他的理学系统，并附带于考据之学有贡献，且获得一些零碎的天文地理律历方面的知识——对与不对，姑不具论——即是这个原因……而且只有直觉方法方可达到'众物之表里精粗无不到'，而'吾心之全体大用无不明'的最高境界。盖只有直觉方法方深入其里，探究其精，而纵观其全体大用，而科学方法则只求认识其表面的粗的、部分的方面，而并无有认识形而上的、里面的、精的全体大用之职志也。"

9. 赵纪彬的《中国哲学史纲要》（1939年）[②]

赵纪彬是以马克思主义理论为指导研究中国哲学的重要学者。他在他的《中国哲学史纲要》第四篇第十四章"作为宋学集大成的朱熹的理气二元论及朱陆对立的阶级与哲学意义"中，对于朱熹的格物致知说，赵纪彬不同意冯友兰仅仅归之于修养方法，而否定其中的科学精神，明确指出："'格物致知'的认识论……实已充满着把握客观事物本质的

---

① 贺麟：《宋儒的思想方法》，《东方杂志》，1936年第33卷第2号。
② 向林冰（赵纪彬）：《中国哲学史纲要》，重庆生活书店，1939年。

科学精神。而且朱熹也确乎依此方法，在当时历史条件之下，获得了惊人的自然认识。"赵纪彬还列举了朱熹有关宇宙起源、生成以及月本无光、地质变化等论述，并且指出："在朱熹这种自然认识上，我们首先看到了他以为宇宙的本体是气，由于气自身内在矛盾的发展，即阴阳的对演与水火的交感而形成了宇宙的起源；其次宇宙的生成顺序，是由气体而液体而固体，且周期的由形成而消灭（虽然是单纯的循环）；这些见解，和康德的星云说的宇宙生成论，颇为近似。至其以月本无光，得日之光而始明的见解以及关于地质学的发现，均与今日的科学定论相符合。凡此，皆其格物致知说的唯物论的科学精神的直接产物。"

10. 熊十力《读经示要》（1945年）[1]

熊十力以其《新唯识论》而成为中国现代哲学史上最具有原创力、影响力的哲学家。他的《读经示要》对朱熹的格物致知说多有讨论。他赞同朱熹训《大学》"格物"为即物穷理，而不同意训"致知"之知为知识，指出："格物者，即物穷理。朱子'补传'之作，实因经文有缺失而后为之，非以私意妄增也……朱子不悟致知之知是本体，而训为知识，此固其错误。而注重知识之主张，要无可议，但知识本在格物处说，经义极分明。朱子训格物为即物穷理，知识即成立。此则宜采朱子补传，方符经旨。"同时，他又说："朱子以致知之知为知识，虽不合《大学》本义，却极重视知识。而于魏、晋谈玄者扬老、庄反知之说，及佛家偏重宗教精神，皆力矫其弊。且下启近世注重科学知识之风。"还说："程、朱说理在物，故不能不向外寻理。由其道，将有产生科学方法之可能。"

11. 严群的《〈大学〉"格物""致知"朱子补传解》（1948年）[2]

严群以研究古希腊哲学而著称，同时也是民国时期重要的朱子学研

---

[1] 熊十力：《读经示要》，重庆南方印书馆，1945年。
[2] 严群：《〈大学〉"格物""致知"朱子补传解》，《申报》，1948年2月24日。

究者，发表过有关论文：《朱子论理气太极》《朱子论阴阳五行》等。他的《〈大学〉"格物""致知"朱子补传解》指出："尝谓朱子'补传'不及数百言，顾于知识之形成，及其主观客观之条件，皆已具其端倪，实与近代西哲之知识论相发明，而'即物穷理'之论尤与科学精神相吻合，惜乎后儒之识浅，而不能竟其绪也。"

三、李约瑟评朱熹的科学思想及其现代意义

英国著名科技史家李约瑟在《中国科学技术史》第二卷《科学思想史》中，以大量的篇幅讨论了朱熹理学的科学思想。其基本观点有三：其一，朱熹理学是一种有机的自然主义；其二，朱熹理学是现代有机自然主义的先导；其三，朱熹的有机自然主义是科学性的。显然，他对于朱熹理学与自然科学的关系给予了较多的肯定。

（一）朱熹理学是一种有机的自然主义

李约瑟曾经说过："现代中国的知识分子所以会共同接受共产主义的思想，其中一个很重要的因素是因为新儒学家和辩证唯物主义在思想上是密切联系的。换句话说，新儒学家这一思想体系代表着中国哲学思想发展的最高峰，它本身是唯物主义的，但不是机械的唯物主义。实际上，它是对自然的一种有机的认识，一种综合层次的理论，一种有机的自然主义。"[1]说朱熹理学是唯物主义，必须首先对朱熹理学中的"理"以及理气关系做出唯物主义的说明。朱熹的"理"有"所以然之故"与"所当然之则"两层含义。李约瑟讨论朱熹的理较多是就其在自然界中的意义而言，为此，他把"理"解释为"宇宙的组织原理"。[2]他反对

---

① （英）李约瑟：《四海之内》，三联书店，1987年，第61页。
② （英）李约瑟：《中国科学技术史》第二卷《科学思想史》，科学出版社等，1990年，第511页。

把朱熹的"理"说成是主观精神性的东西，也反对把朱熹的"理"等同于亚里士多德的"形式"。他说："躯体的形式是灵魂，但中国哲学的伟大传统并没有给灵魂留下席位……理的特殊重要性恰恰在于，它本质上就不像灵魂，也没有生气。再者，亚里士多德的形式确实赋予事实以实体性……但气却不是由理产生的，理不过是在逻辑上有着优先性而已。气不以任何方式依赖于理。形式是事物的'本质'和'原质'，但理本身却既不是实质的，也不是'气'或'质'的任何形式……理在任何严格的意义上都不是形而上的（即不像柏拉图的'理念'和亚里士多德的'形式'那样），而不如说是在自然界之内以各种层次标志着的看不见的组织场或组织力。纯粹的形式和纯粹的现实乃是上帝，但在理和气的世界中，根本就没有任何主宰。"① 这样，李约瑟实际上把朱熹的"理"看作是客观世界的秩序、模式和规律，而否认其中包含任何精神性的东西。

就朱熹的理气关系而言，李约瑟在把理界定为"宇宙的组织原理"的同时，把气解释为"物质——能量"。在理气先后问题上，朱熹曾说过：理气"本无先后之可言。然必欲推其所从来，则须说先有是理。然理又非别为一物，即存乎是气之中；无是气，则是理亦无挂搭处。"② 又说："理未尝离乎气。然理形而上者，气形而下者，自形而上下言，岂无先后？"③ "以本体言之，则有是理，然后有是气。"④ 这里既有理气不可分离、不分先后的观点，也有理先气后的说法。对此，李约瑟说，这是"把宇宙生成论的问题和形而上问题轻易地混淆在一起；'先'和'后'也可以解释为'实在'与'现象'"。⑤ 按照李约瑟的解释，朱熹讲理气本无先后，是从宇宙生成论而言的；而讲理先气后，

① （英）李约瑟：《中国科学技术史》第二卷《科学思想史》，科学出版社等，1990年，第506～507页。
②③ （宋）黎靖德：《朱子语类》（一）卷一，中华书局，1986年，第3页。
④ （宋）朱熹：《四书或问·孟子或问》，《朱子全书》第六册，上海古籍出版社等，2002年，第934页。
⑤ （英）李约瑟：《中国科学技术史》第二卷《科学思想史》，科学出版社等，1990年，第513页。

是从形而上学而言的。就朱熹讲理气本无先后而言，说朱熹理学包含唯物主义因素，这应当不成问题。但是，朱熹又讲理先气后，李约瑟以为，这里的理"不过是在逻辑上有着优先性而已"。这是吸取了冯友兰先生的逻辑在先论。这样，朱熹理学中既讲理气本无先后又讲理先气后而出现的自相矛盾，被李约瑟看作是"把宇宙生成论的问题和形而上问题轻易地混淆在一起"所致。但李约瑟还是认为，在朱熹理学中，理气本无先后比起理先气后更为重要。

为此，李约瑟认为，朱熹在理气先后问题上实际上是"认为物质——能量和组织在宇宙中是同时的和同等重要的，二者'本无先后'，虽然后者略为'优先'这种信念的残余极难舍弃"。[①]李约瑟还认为，朱熹之所以难以舍弃理略为"优先"的信念，"理由乃是无意识地具有社会性的，因为在理学家所能设想的一切社会形式中，进行计划、组织、安排、调整的管理人，其社会地位要优先于从事'气'——因而是'气'的代表——的农民和工匠"。[②]

由此可见，李约瑟把朱熹理先气后的观点归于形而上问题，而把其理气不可分离、不分先后的观点当作宇宙生成论问题而突出出来，作为朱熹科学思想的基础。正是基于这一点，李约瑟明确认定朱熹的科学思想属唯物主义。

关于朱熹理学的有机自然主义，李约瑟认为，朱熹所谓理气不可分离，即"天下未有无理之气，亦未有无气之理"，[③]不仅表明朱熹的理与气不能等同于亚里士多德的形式与质料，而且反映出现代有机主义的基本观点，即物质——能量与组织的相互结合、不可分离。他说："朱熹以其中世纪的方式肯定理和气的普遍的互相渗透，反映了近代科学的立足点。"[④]对于朱熹所说"'无极而太极'，非太极之外，复有无

---

①②（英）李约瑟：《中国科学技术史》第二卷《科学思想史》，科学出版社等，1990年，第514页。

③（宋）黎靖德《朱子语类》卷一，中华书局，1986年，第2页。

④（英）李约瑟：《中国科学技术史》第二卷《科学思想史》，科学出版社等，1990年，第510页。

极也"，① 以及太极派生万物又寓于万物之中的"理一分殊"，李约瑟说："当我们进一步考察这一精心表达的自然体系时，我们不能不承认宋代哲学家所研究的概念和近代科学上所用的某些概念并无不同。"②此外，李约瑟还从现代有机主义的观点出发，对朱熹关于宇宙结构及演化、生命起源及人类产生等思想进行了分析，并给予高度评价，进而把朱熹理学解释为"对有机主义哲学的一种尝试，而且决不是不成功的一次尝试"。③

李约瑟称朱熹是"中国历史上最高的综合思想家"。④朱熹不仅把整个自然界综合成一个有机体，而且在更高层次上，把社会伦理道德与自然界融为一体。李约瑟说：朱熹"通过哲学的洞察和想象的惊人努力，而把人的最高伦理价值放在以非人类的自然界为背景。或者（不如说）放在自然界整体的宏大结构（或像朱熹本人所称的万物之理）之内的恰当位置上。根据这一观点，宇宙的本性从某种意义上说，乃是道德的，并不是因为在空间与时间之外的某处还存在着一个指导一切的道德人格神，而是因为宇宙就具有导致产生道德价值和道德行为的特性，当达到了那种组织层次时，精神价值和精神行为有可能自行显示出来"。⑤李约瑟认为，朱熹把社会伦理道德与自然界综合为更高层次的有机体，这一思想非常接近于辩证唯物主义和怀特海的有机主义哲学的世界观。

（二）朱熹理学是现代有机自然主义的先导

李约瑟崇尚以现代哲学家怀特海为代表的有机主义哲学。他在分析有机主义思想的发展历史时，从现代有机主义者追溯到马克思、恩格斯的辩证唯物主义，黑格尔、莱布尼茨，并且进一步追溯到中国古代的

---

① （宋）朱熹：《太极图说解》，《朱子全书》第十三册，上海古籍出版社等，2002年，第72页。
② （英）李约瑟：《中国科学技术史》第二卷《科学思想史》，科学出版社等，1990年，第498页。
③ （英）李约瑟：《中国科学技术史》第二卷《科学思想史》，科学出版社等，1990年，第525页。
④ （英）李约瑟：《中国科学技术史》第二卷《科学思想史》，科学出版社等，1990年，第489页。
⑤ （英）李约瑟：《中国科学技术史》第二卷《科学思想史》，科学出版社等，1990年，第485页。

庄子、周敦颐和朱熹。这样，李约瑟就把朱熹的有机自然主义与辩证唯物主义直至现代有机主义哲学联系在一起。他说："虽然理学家对黑格尔的辩证法一无所知，却十分密切地接近于辩证唯物主义或进化唯物主义的世界观，以及与之性质十分相同的怀特海的有机主义哲学的世界观。"[①]并明确地称朱熹理学为"现代有机自然主义的先导"。[②]

在李约瑟看来，中国的有机自然主义在战国时期的道家中已见端倪。他先是研究过庄子、《管子》的有机自然主义。后来，他又进一步把逐渐形成的相互联系的思维方式看作是朱熹理学有机自然主义的思想背景，并明确认为，朱熹理学是中国古代有机自然主义的系统化。他说："中国的这种有机自然主义最初以'通体相关的思维'体系为基础，公元前3世纪已经由道家作出了光辉的论述，又在12世纪的理学思想家那里得以系统化。"[③]

李约瑟在追溯现代有机主义发展的历史时，给予朱熹理学的有机自然主义以很高的评价。他认为，朱熹是在缺乏科学实验和观察的背景下，不曾经历过相当于伽利略和牛顿的阶段，主要是靠洞见而达到一种类似于怀特海有机主义的哲学；而且他认为，标志有机主义在西方第一次出现的莱布尼茨单子论与中国理学家们的有机自然主义有着密切的关系。

李约瑟的《科学思想史》中有"朱熹、莱布尼茨与有机主义哲学"一节；他用历史资料论证莱布尼茨的思想与中国理学的有机自然主义的密切联系。其中转引莱布尼茨的两段言论："理被称为天的自然规律，因为正是由于理的运作，万物才按照它们各自的地位受着重量和度量的支配。这个天的规律就叫作天道。""当近代中国的诠释家们把上天的统治归之于自然的原因时，当他们不同意那些总是在寻求超自然（或者

① （英）李约瑟：《中国科学技术史》第二卷《科学思想史》，科学出版社等，1990年，第485～486页。
② （英）李约瑟：《中国科学技术史》第二卷《科学思想史》，科学出版社等，1990年，第2页。
③ （英）李约瑟：《中国科学技术史》第二卷《科学思想史》，科学出版社等，1990年，第538页。

不如说超形体）的奇迹和意外救星般的神灵的无知群氓时，我们应该称赞他们。"[①] 李约瑟认为，"这段话里暗示着近代科学的发现和理学的有机自然主义相吻合更有甚于与欧洲唯灵主义相吻合"。[②] 李约瑟通过对具体史实材料的分析，说："从这些材料里面，我们可以看出，即使他（指莱布尼茨——笔者注）本人的哲学体系并非来源于新儒学家，至少他从新儒学家的有机主义中得到不少宝贵的资料和论证。"[③]

在李约瑟看来，朱熹理学作为一种有机主义的哲学，它很可能通过莱布尼茨传入西方，而成为西方有机主义形成的重要材料；这也表明马克思、恩格斯的辩证唯物主义和怀特海的有机主义与朱熹理学有着密切的关系。为此，李约瑟说："现代中国人如此热情地接受辩证唯物主义，有很多西方人觉得是不可思议的。他们想不明白，为什么这样一个古老的东方民族竟会如此毫不犹豫、满怀信心地接受一种初看起来完全是欧洲的思想体系。但是，在我想象中，中国的学者们自己却可能会这样说的，'真是妙极了！这不就像我们自己的永恒哲学和现代科学的结合吗？它终于回到我们身边来了。'……中国的知识分子之所以更愿意接受辩证唯物主义，是因为，从某种意义上说，这种哲学思想正是他们自己所产生的。"[④]

（三）朱熹的有机自然主义是科学性的

李约瑟把朱熹理学说成是有机的自然主义，是现代有机自然主义的先导，并非仅仅是为了作一种哲学派别的界定，而且还是为了表明朱熹理学与自然科学的一致性，表明朱熹理学对于现代科学的意义。

朱熹深入研究过自然科学，且很有成就。胡道静先生称朱熹是"我国历史上一位有相当成就的自然科学家"。[⑤] 李约瑟对朱熹在自然科学

---

① ② （英）李约瑟：《中国科学技术史》第二卷《科学思想史》，科学出版社等，1990年，第535页。
③ （英）李约瑟：《四海之内》，三联书店，1987年，第67页。
④ （英）李约瑟：《四海之内》，三联书店，1987年，第63~67页。
⑤ 胡道静：《朱子对沈括科学学说的钻研与发展》，《朱熹与中国文化》，学林出版社，1989年，第39页。

方面的工作和成就也是肯定的。他说："朱熹是一位深入观察各种自然现象的人。"①并对朱熹在解释雪花何以呈六角形时将雪花与太阴玄精石的比较予以高度评价，称之"预示了后来播云技术的发展"。②李约瑟还认为，"朱熹是第一个辨认出化石的人"，③比西方早出400多年。

至于朱熹理学与自然科学的关系，如前所述，李约瑟称朱熹理学"反映了近代科学的立足点"，"和近代科学上所用的某些概念并无不同"。并且还明确地指出："理学的世界观和自然科学的观点极其一致，这一点是不可能有疑问的……宋代理学本质上是科学性的。"④

不仅如此，由于朱熹理学将自然界与社会伦理道德综合成更高层次的宇宙有机体，探讨自然之理的科学活动与体认道德之理的道德活动已成为一致，格物致知也包括格自然之物在内，包括科学研究在内，因此，朱熹理学实际上已经把科学融入了自身。

李约瑟将朱熹理学界定为有机自然主义，强调其与自然科学的一致性，更多的还是为了说明朱熹理学以及由此发展而来的现代有机主义对于现代科学发展的意义。李约瑟说："早期'近代'自然科学根据一个机械的宇宙的假设取得胜利是可能的——也许这对他们还是不可缺少的；但是知识的增长要求采纳一种其自然主义性质并不亚于原子唯物主义而却更为有机的哲学的时代即将来临。这就是达尔文、弗雷泽、巴斯德、弗洛伊德、施佩曼、普朗克和爱因斯坦的时代。当它到来时，人们发现一长串的哲学思想家已经为之准备好了道路——从怀特海上溯到恩格斯和黑格尔，又从黑格尔到莱布尼茨——那时候的灵感也许就完全不

---

① （英）李约瑟：《雪花晶体的最早观察》，《李约瑟文集》，辽宁科学技术出版社，1986年，第521页。
② （英）李约瑟：《雪花晶体的最早观察》，《李约瑟文集》，辽宁科学技术出版社，1986年，第522页。
③ （英）李约瑟：《中国对科学和技术的贡献》，《李约瑟文集》，辽宁科学技术出版社，1986年，第115页。
④ （英）李约瑟：《中国科学技术史》第二卷《科学思想史》，科学出版社等，1990年，第526～527页。

是欧洲的了。也许，最现代化的'欧洲的'自然科学理论基础应该归功于庄周、周敦颐和朱熹等人的，要比世人至今所认识到的更多。"[1]

诚然，现代科学进入了新的综合时代。当中国人热衷于西方科学传统时，西方人却从中国科学传统中发掘出能够适应现代科学发展需要的思想。当代著名科学家普里高津说："我们已经走向一个新的综合，一个新的归纳，它将强调实验及定量表述的西方传统和以'自发的自组织世界'这一观点为中心的中国传统结合起来。"[2]李约瑟对朱熹科学思想的评析，揭示出其中所包含的对于今天科学发展仍具有重要意义的有机自然主义，这为我们重新审视朱熹理学及其与自然科学的关系打开了一个新的视角。

图7-6

---

[1]（英）李约瑟：《中国科学技术史》第二卷《科学思想史》，科学出版社等，1990年，第538页。
[2]（比利时）普里高津：《从存在到演化》，上海科学技术出版社，1986年，第3页。

参考文献

[1]朱熹.晦庵先生朱文公文集[M].四部丛刊初编.

[2]朱熹.朱子全书第六册[M].上海：上海古籍出版社等，2002.

[3]朱熹.诗集传卷九[M].四部丛刊三编.

[4]朱熹.仪礼经传通解[M].文渊阁四库全书.

[5]朱熹、吕祖谦.近思录[M].文渊阁四库全书.

[6]黎靖德.朱子语类[M].北京：中华书局，1986.

[7]邵雍.皇极经世书[M].文渊阁四库全书.

[8]程颢、程颐.二程集[M].北京：中华书局，1981.

[9]张载.张载集[M].北京：中华书局，1978.

[10]蔡沈.书经集传[M].文渊阁四库全书.

[11]脱脱等.宋史[M].北京：中华书局，1977年.

[12]王守仁.王阳明全集[M].上海：上海古籍出版社，1992.

[13]王廷相.王廷相集[M].北京：中华书局，1989.

[14]高攀龙.高子遗书[M].文渊阁四库全书.

[15]徐光启.徐光启集[M].北京：中华书局，1963.

[16]王夫之.船山全书第二册[M].长沙：岳麓书社，1988.

[17]李时珍.本草纲目[M].文渊阁四库全书.

[18]梅文鼎.历算全书[M].文渊阁四库全书.

[19]李光地.榕村语录 榕村续语录[M].北京：中华书局，1995.

[20]黄宗羲、全祖望.宋元学案[M].北京：中华书局，1986.

[21]永瑢、纪昀等.四库全书总目[M].文渊阁四库全书.

[22]阮元.畴人传[M].续修四库全书.

[23]王懋竑.朱熹年谱[M].北京：中华书局，1998.

[24]李约瑟.李约瑟文集[M].沈阳：辽宁科学技术出版社，1986.

[25]李约瑟.四海之内[M].北京：三联书店，1987.

[26]李约瑟.中国科学技术史第一卷总论[M].北京：科学出版社，1975.

[27]李约瑟.中国科学技术史第二卷科学思想史[M].北京：科学出版社等，1990.

[28]李约瑟.中国科学技术史第四卷天学[M].北京：科学出版社，1975.

[29]李约瑟.中国科学技术史第五卷地学[M].北京：科学出版社，1976.

[30]梅森.自然科学史[M].上海：上海译文出版社，1980.

[31]山田庆儿.朱子的自然学[M].东京：岩波书店，1978.

[32]金永植.朱熹的自然哲学[M].上海：华东师范大学出版社，2003.

[33]胡道静.梦溪笔谈校正[M].上海：上海古籍出版社，1987.

[34]席泽宗.中国科学技术史·科学思想卷[M].北京：科学出版社，2001.

[35]杜石然等.中国科学技术史稿[M].北京：科学出版社，1982.

[36]杜石然.中国古代科学家传记上集[M].北京：科学出版社，1992.

[37]陈美东.中国科学技术史·天文学卷[M].北京：科学出版社，2003.

[38]董光璧.中国近现代科学技术史论纲[M].长沙：湖南教育出版社，1992.

[39]谢无量.朱子学派[M].上海：中华书局，1916.

[40]周予同.朱熹[M].上海：商务印书馆，1929.

[41]胡适.胡适全集[M].合肥：安徽教育出版社，2003.

[42]钱穆.朱子学提纲[M].北京：三联书店，2002.

[43]张立文.朱熹评传[M].南京：南京大学出版社，1998.

[44]陈来.朱子哲学研究[M].上海：华东师范大学出版社，2000.

[45]陈来.朱子书信编年考证[M].上海：上海人民出版社，1989.

[46]束景南.朱熹年谱长编[M].上海：华东师范大学出版社，2001.

[47]徐刚.朱熹自然哲学论稿[M].福州：福建教育出版社，2002.

索　引

（按汉语拼音顺序排列）

A

B

C

D

G

J

K

鸟星 33

P

平等 147、148、149、150、157

平天下 12、19、57、58、135

《普济方》 139

普里高津（Ilya Prigogine，1917～2003） 193

Q

七政 34、35、136

岐伯 26、66、89

气禀 47、48、148、149

气候 101、102

气象 前言1、12、34、65、83、101、104、143、167、177

气盈 110

气质之性 148

钱穆（1895～1990） 前言1、23

钱曾（1629～1701） 121

《钦定书经图说》 10

秦九韶（1202～1261） 134、135

《清代汉学家的科学方法》 173

全祖望（1705～1755） 3

劝农文 109、124、125、126、128

《劝农文》 124、125、126、127、128

R

S

T

Y

■ 自然国学丛书第一辑

定价：30元

定价：25元

定价：30元

定价：25元

定价：20元

定价：25元

定价：20元

定价：25元

定价：25元

■ 自然国学丛书第二辑

定价：36元　　　　　定价：32元　　　　　定价：26元

定价：28元　　　　　定价：26元　　　　　定价：28元

定价：26元

■ 自然国学丛书第三辑

从借东风到
创制木牛流马

定价：26元

走进大自然的
宋代大儒

定价：32元

天人相应的
医学理论

定价：28元

远古中国
资源秘籍

定价：30元

人与自然的
一门学问

定价：28元

融通三教
师法自然

定价：30元

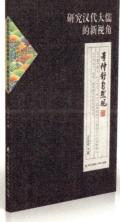

研究汉代大儒
的新视角

定价：26元

太极序列

定价：26元